小公司
股权融资全案

韩中华◎著

中国经济出版社
CHINA ECONOMIC PUBLISHING HOUSE
·北京·

图书在版编目（CIP）数据

小公司股权融资全案／韩中华著．
—北京：中国经济出版社，2018.9
ISBN 978－7－5136－5310－7
Ⅰ.①小…　Ⅱ.①韩…　Ⅲ.①中小企业—企业融资—中国—指南　Ⅳ.①F279.243－62
中国版本图书馆 CIP 数据核字（2018）第 186628 号

责任编辑　王　帆　高晓晔
责任印制　巢新强
封面设计　任燕飞设计室

出版发行　中国经济出版社
印 刷 者　北京力信诚印刷有限公司
经 销 者　各地新华书店
开　　本　710mm×1000mm　1/16
印　　张　19.5
字　　数　260 千字
版　　次　2018 年 9 月第 1 版
印　　次　2018 年 9 月第 1 次
定　　价　58.00 元
广告经营许可证　京西工商广字第 8179 号

中国经济出版社　**网址** www.economyph.com　**社址** 北京市西城区百万庄北街 3 号　**邮编** 100037
本版图书如存在印装质量问题，请与本社发行中心联系调换（联系电话：010－68330607）

前言

PREFACE

创业的热潮带动了小公司的发展，目前我国的小公司数量与日俱增。据统计，截至2017年底，我国登记在案的市场经营主体，九成以上都是小公司。所谓小公司，不同于创业公司，它是按照年营业额和公司规模来界定的。一般来说，年营业额少于100万元，公司团队少于20人，都是小公司。

由于在资金、技术、人才、资源等方面的劣势，小公司最终能做大做强的屈指可数。或许那些消失的小公司各有其败北的缘由，但企业融资难却是其中的首要因素。

当下，小公司纷纷感叹融资方式有限，融资难，上市难。每天有数以万计的商业计划书出现在投资人面前，但最终能见到投资人、成功拿到股权融资的小公司却如大浪淘沙，寥寥无几。

为何会如此呢？

所谓“攘外必先安内”，要想成功获得股权融资，小公司首先必须解决好自身的问题。大部分小公司之所以觉得融资难，是因为他们对资本市场和股权融资的基本规则一无所知，不知道如何与投资人进行磨合乃至展开合作，不能正确地开展融资路演和融资谈判，无法合理地设计公司的股权结构并进行恰当的股权分配等等，这些因素正是制约小公司股权融资的命门所在。

让我感到好奇的是，一方面是小公司感慨股权融资难，另一方面经常会听到这样的传奇案例：某公司的创始人与投资公司面谈了一次，谈笑间就拿到了几千万元的风投；或者某公司的老板与投资人喝了个下午茶，分分钟搞定了融资……这些故事的结局总是惊人地相似——公司获得了高额融资，投资人在资本市场赚了个盆满钵满。各类融资故事已经被流传得路人皆知，颇有点儿“王者归来”的味道。这些有着美满结局的故事，成功的融资者爱讲，未成功的融资者爱听。

股权融资说难也难，因为你不懂它。近几年，我看过太多小公司因为把不准股权融资的脉博，最后都以失败告终。股权融资说简单也简单，因为你若懂得股权融资的基本运作规律和游戏规则，很多弯路是可以避免的，这恰恰是我写这本书的初衷。我希望站在小公司的角度和立场，帮助小公司揭秘股权融资的“玄机”所在，让小公司按“书”索骥进行自查，看到自己的差距，发现自己的短板，避开鸿沟，绕开陷阱，让融资之路一路绿灯。希望本书能成为你进行股权融资的案头帮手，让股权融资变得简单易行，助力公司稳定、健康、高速地发展。

目 录

CONTENTS

第一篇 资金有路

第1章
融资瓶颈：小公司无法做大做强的真正原因

企业无论规模大小，资本无疑扮演了最重要的角色。小公司规模小、盈利差、财务状况不佳等特点，决定了企业融资的重要意义。缺少资金永远是小公司发展的“拦路虎”，因此掌握专业的融资知识是小公司开展股权融资的第一步。

第2章
股权融资：小公司最好的融资方式

可以说，股权融资是小公司最好的融资方式。理解股权融资，选择正确的融资方式，遵循股权融资的基本原则，小公司才能顺利地完成有效融资。

第二篇　融资有道

第3章 妙笔生花：撰写让投资人眼前一亮的商业计划书

商业计划书犹如公司提交给投资人的一份融资素质答卷，它反映出公司对行业的理解程度，对市场的把握机会，对企业运作的掌控力度，对自身未来发展的战略规划，以及公司融资方案的设计实力等。投资人对企业的第一印象就来自于这家公司的商业计划书。现实很残酷，投资人是继续了解，还是一扔了之，机会往往只有一次。因此，撰写让投资人眼前一亮的商业计划书，牢牢吸引住投资人的眼球，显得尤为重要。

第4章 任性演讲：四步帮你做一场完美的融资路演

“上台前一清二楚，上台后找不到北”的融资路演，肯定无法打动投资人。掌握一定的路演技巧，直面投资人，这样融资才靠谱。

第5章 锲而不舍：五分钟说服VC/PE拿钱给你

马云用6分钟说服了互联网投资巨头孙正义为阿里巴巴投资4000万美元；YOU+创始人刘洋在五分钟内争取到了顺位资本董事长雷军的1亿元投资……这些案例说明了一个道理：快速说服VC/PE拿钱给你很重要。

第6章 捭阖纵横：与VC/PE进行一场双赢的融资谈判

小公司成功说服VC/PE，在“投资意向书”中列出了主要条款，双方在签署正式的投资协议前需进行融资谈判。掌握谈判的技巧，小公司才能更好地把握融资的主动性，争取更多有利于自己的条件。

第7章 智者博弈：融资尽职调查的“攻”与“防”

签署“投资意向书”后，投资人就要开始对小公司进行全面的尽职调查了。尽职调查对股权融资成功与否具有重要意义，小公司应积极配合投资人的调查行为，同时也要学会反向尽职调查，谨防“李鬼”式VC/PE。

第三篇 股权有术

第8章 股权设计：合理的股权结构是股权融资成功的关键

合理的股权结构不仅涉及公司的治理结构、股东之间的利益关系，还制约股权融资的成功与否。因此，掌握股权设计的方法、技巧，设计更易获投资人青睐的股权结构，是股权融资成功的关键所在。

第9章 股权分配：掌握合伙人股权分配方案，科学“切蛋糕”

合理的股权分配方案可以明晰合伙人之间的责、权、利，充分体现各股东对公司的贡献程度及权力和利益的诉求，有助于公司稳定，方便公司融资和进入资本市场。因此，无论你与合伙人的关系多么密切，都要格外重视合伙人之间的股权分配问题。

第10章 股权控制：牢牢掌握公司的控制权，抵御“野蛮人”入侵

融资的迫切需求与公司控制权的舍与留，让很多小公司的创始人颇为纠结。创始人熬过创业的艰辛，将公司做到一定规模，谁也不想在“吃肉”的时候被踢出局。股权与控制权，一场制衡与反制衡的战争正在上演。

第11章 融资成功：未雨绸缪，现在就开始为下一轮融资做准备

经过前面一系列的过程，到此为止你可能已经成功获得了股权融资。但拿到钱还远远不够，你还要学会有效利用融资，为下一轮融资做好准备。对于小公司来说，融资是一件永远不能放下的事情。即便你昨天成功获得了A轮融资，下一轮融资还需要一段时间，你也应该未雨绸缪，现在就开始为未来做准备。

第一篇　资金有路

第1章

融资瓶颈：
小公司无法做大做强的真正原因

企业无论规模大小，资本无疑扮演了最重要的角色。小公司规模小、盈利差、财务状况不佳等特点，决定了企业融资的重要意义。缺少资金永远是小公司发展的“拦路虎”，因此掌握专业的融资知识是小公司开展股权融资的第一步。

1.1

小公司为何无法做大做强

近几年，随着创业的火热，很多人都怀揣创业的梦想，纷纷成立属于自己的公司。据国家统计局统计，2017 年我国新成立的小公司有 4000 万家，占公司总数的 99%（一般来说，年营业额低于 100 万元，公司少于 20 人的，界定为小公司）。所谓“创业容易，守业难”，成立一家公司并不是难事，难的是把一家公司做大做强。说到这里，可能有很多小公司的老板在心里会反问：“我的公司为何要做大做强？公司规模小不也挺好的吗?”

诚然，如果公司小，盈利颇丰，老板也没有更大的梦想，这也未尝不可。但商海风云云谲波诡，优胜劣汰，适者生存不仅是自然法则，也是商战中的竞争法则。每天都有无数的小公司诞生，也有无数的小公司消亡。据有关咨询平台不完全统计，我国小公司的平均生存寿命仅有 2. 5 年，与美国小公司的平均寿命 8. 2 年和日本小公司的平均寿命 12. 3 年相比，相差甚远，如图 1 - 1 所示。

中国小公司的数量虽然众多，但生命周期却很短，重复走着“一年发家、二年发财、三年倒闭”之路，能长久生存下去的小公司寥寥无几。所以，小公司要想生存下去，就必须不断发展，做大做强。

小公司要做大做强，一方面是为了降低公司内部成本，以获得规模经济收益；另一方面是为了加强市场中的竞争能力。简而言之，小公司做大做强可以使公司获得成本领先的优势，使公司的生产成本处于行业最低水准。

那么，小公司要如何做大做强呢？

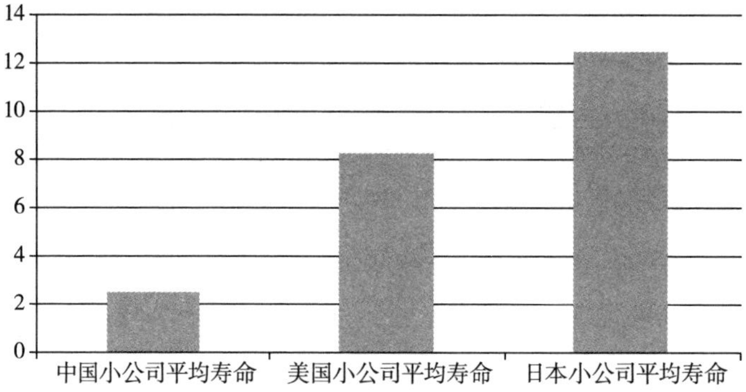

图1－1　中美日三国小公司平均寿命相比较

➢资金是小公司做大做强的根本

对于这一问题，不同的人有不同的回答，犹如一千个人眼里有一千个哈姆雷特一样。比如商业模式、战略规划、企业管理、品牌管理等等，都是公司做大做强的关键所在。然而，真正让小公司面临生死挑战的问题，则是资金。

俗话说，“兵马未动，粮草先行。”经营小公司离不开钱，因为在盈利之前，房租、宣传、人力已经开始消耗成本了，一分钱就能难倒英雄汉。简而言之，小公司想做大做强，就得有钱。为什么这么说呢？

首先，小公司想要在市场竞争中占据有利地位，必须提高自身的技术创新能力，让自己拥有话语权，这样才能让自己百尺竿头，更进一步，但是任何技术的创新，都离不开雄厚资金的支持。

其次，俗话说，“有钱好办事，没钱寸步难行。”尤其是对于小公司来说，没有钱，任何经营活动都开展不了。市场变化、临时意外、扩大生产、扩招员工都需要钱。雄厚的资金是这一切能够顺利进行的保证。

然后，小公司想打开局面，实现多元化经营，让自己更有竞争力，甚至想实现进军国际的梦想，这一切的前提就必须得有钱。在市场竞争中，没有巨资支撑，即使你的理想再远大，项目再有前景，也是一纸空谈，这就是残酷的现实。因此，资金对小公司的发展有多重要，不言而喻。

➢融资对小公司做大做强的重要性

既然资金是小公司做大做强的根本，那么小公司在缺钱时应该如何拿到钱呢？在回答这个问题之前，我们先来看看山西一家小公司是如何做的：

山西有一家钢铁公司，刚成立时是一家启动资金不到 30 万元的小公司。让人感到惊讶的是，在不到 10 年的时间内，这家小公司竟然“鲤鱼跃龙门”似的一跃成为一家拥有 40 多亿元资产的钢铁巨头。在谈到自己做大做强公司的秘诀时，这家公司的创始人李总就只说了两个字——融资。

最初，李总手上只有 20 万元，他向当地信用社贷款 10 万元，把公司开了起来。当盈利了以后，他又想办法让更多的资本融入进来，扩大自己的规模。当他有 4000 万元时，他想干 8000 万元的项目，当他有 4 亿元时，他想做 8 亿元的项目，就这样一步一步把一个小公司做成了大公司。他的成功离不开他成功的管理和运营，但更重要的是他会融资，会把有限的资本无限地进行发挥。窥一角而知全貌，通过这家小公司做大做强的过程，我们可以得知小公司在缺钱时最好的方法就是——融资。

何为融资？融资，广义上来说，就是资金融通，是资本市场中投资者对资金匮乏的创业者、公司进行的贷放资金的行为；狭义上来说，融资就是公司去找钱。小公司由小做大，其实就是一个融资发展、再融资再发展的过程。

融资对小公司的重要性无与伦比，归纳起来，主要表现在以下五点，如图1－2所示。

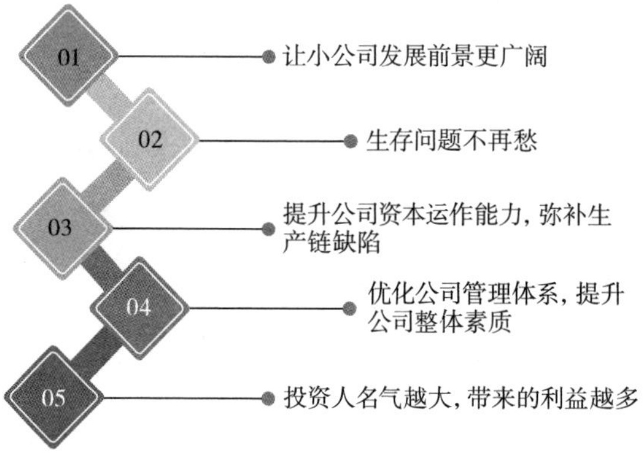

图1－2　融资对小公司的五大主要作用

➤小公司有钱就能任性，不需要融资吗

在目前的市场形势下，大多数小公司都是缺钱的。当然，也存在一些含着“金汤匙”出生的天之骄子，财大气粗，但这样的小公司毕竟是少数。有的小公司说自己不缺钱，可能是指眼下的经营不需要太多钱，但是当它准备扩张，抢占市场时，就必须有雄厚的资金来支持，到时候，自然就缺钱了。

马云在谈到自己的生意经时说过这样一句话：“公司一定要在蒸蒸日上的时候去融资，在你不需要钱的时候去融资，要在阳光灿烂的日子修理屋顶，而不是等到需要钱的时候再去融。”

马云的这番话很有道理，试想，当你缺钱时再去融资，你能掌握谈判的主动权吗？你急着要钱，到时候只能是人为刀俎，你为鱼肉。相反，当你的公司是一片欣欣向荣的景象，未来一片光明，你才有资本把话语权紧紧握在自己的手中。

再则有钱的时候融资是未雨绸缪，商场风云变幻，未来市场发展会是什么样？俗话说，“手有余粮，遇事不慌。”在不缺钱时进行融资，为以后的发展做计划，这不是一种很好的危机管理吗？

从另一方面来说，小公司觉得自己不缺钱是因为没有好的项目，这恰恰说明该公司对资本运作的能力有所欠缺，这类小公司虽然不缺钱，但是也不被业内看好。

与此相反，那些商海中的“老狐狸”，即使知道自己现在荷包满满，也会到处找融资，为什么呢？很简单，为了分担风险。不要把鸡蛋放在一个篮子里的道理大家都懂，可是没有多少人能做到。

虽然融资不是万能的，但是小公司没有融资是万万不能的。对那些处于发展阶段，并且将长期处于发展阶段的小公司来说，在这样残酷的市场环境里，还抱着“皇帝不急太监急”的想法，等于是在慢性自杀。那么，小公司能不能找到一条兼顾高速发展和避免速度负面效应的发展道路呢？

当然有一条道路大致是不会错的，那就是融资之路。

1.2
是什么原因导致小公司融资难

我曾经在网上针对小公司做过这样一项调查，调查的内容是，“你的公司面临的最大困难是什么？”调查结果如图1－3所示。

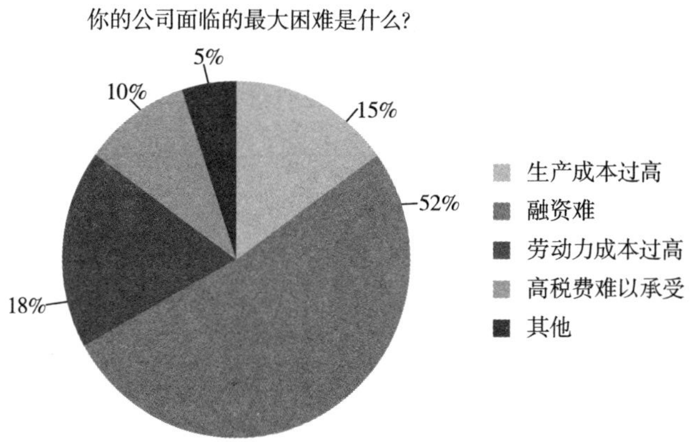

图1－3　小公司融资难的调查结果

不管是网上的调查，还是和小公司创始人的沟通，小公司难以做大做强最大的原因都体现在“融资难”上。对于小公司来说，起步和发展都是需要成本的，比如人力资源、办公场所、产品研发设计、市场拓展等等，无一不需要资金。公司资产增加的同时，负债也在增加。“融资难”永远是潜伏在小公司做大做强道路上的一只“拦路虎”。

小公司在我国国民经济发展中是一支重要力量，是我国国民经济的重要组成部分。但是，小公司融资困难影响其发展。小公司的“融资难”是由多种原因造成的。

那么，为何小公司融资难？导致小公司融资难的原因究竟是什么？只有追根究底的将“小公司融资难”的根源挖出来，才能“对症下药”。

总结归纳起来，导致小公司融资难的原因主要有以下四种，如图1－4所示。

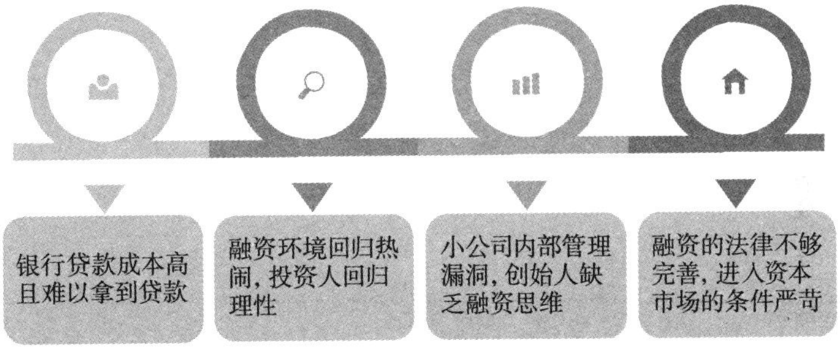

图1－4　导致小公司“融资难”的四大原因

➢银行贷款成本高且难以拿到贷款

利益是资本眼里的黄金，银行也不例外。如果要银行把钱投给发展前景还不是很明确的小公司，任何银行都会慎之又慎。为什么会出现这样的问题呢？综合来看，有以下两个原因：

1. 银行的贷款程序繁冗、成本高

虽然银行现在基本都有抵押担保贷款模式，但对于小公司而言并没有多大吸引力，这些模式反而让小公司的压力更大，这一点使得许多小公司不愿向银行贷款，就算申请了，也贷不到款。具体表现在以下三个方面。

（1）银行对小公司抵押物的折扣率较高。目前绝大多数银行是这样规定小公司抵押贷款的抵押率的：机器设备50%；土地、房地产70%；专用设备10%；动产25%～30%。这样的高抵押折扣率，使得很多小公司不愿向银行贷款。

（2）小公司规模较小，因此固定资金也比较少，可以向银行提供的用于抵押贷款的资产也比较少，甚至有些小公司初期只是租赁经营，根本就没有有效的资产用来作为贷款抵押。

（3）贷款程序繁冗，贷款的成本高。小公司如果需要向银行贷款，承担的成本如同大山一样压在小公司的头上，使得融资成本增高。总结下来，小公司向银行贷款所需承担的成本费用大致有以下几种，如图1－5所示。

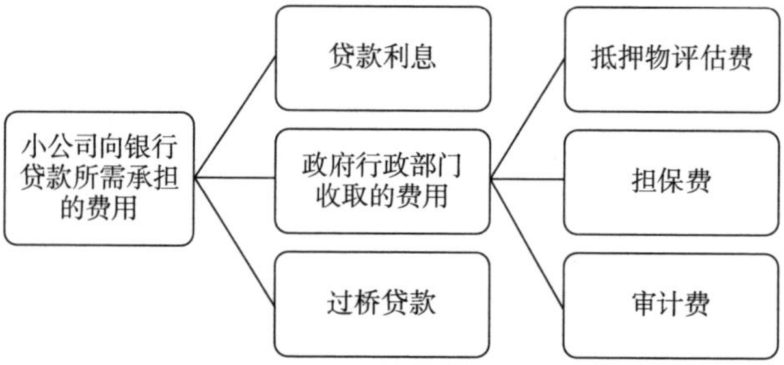

图1－5　小公司向银行贷款所需承担的成本费用

2. 银行贷款业务青睐于大中型公司

在我国，一直以来，银行都是小公司融资的主要方式之一。但是，在经济形势严峻的今天，银行对风险收益有了更为谨慎的考虑，为了规避投资风险，大部分银行的贷款业务都有向大中型公司倾斜的趋势。即使有少数面向小公司的信贷业务条件也是非常苛刻。比如，小公司的项目前景要好，利润要高。

➢融资环境回归热闹，投资人回归理性

从2016年开始，不少小公司都察觉到，融资变得更加艰难，去除银行的因素之外，融资环境也日渐恶化，使得投资人变得小心谨慎，又是小公

司在融资路上的“当头棒喝”。

2017 年，鲸准研究院发布《2017 年中国创投年度白皮书》，报告显示，历经 2015 年的创投狂潮和 2016 年的资本寒冬后，2017 年，中国的融资环境虽然回归热闹，但投资人在选择项目时却越发理性及务实。

2017 年备案的股权及创业私募基金数量达到 2.76 万支，总募集额度已经超 6.93 万亿元，详细创投情况如图 1 - 6 所示。

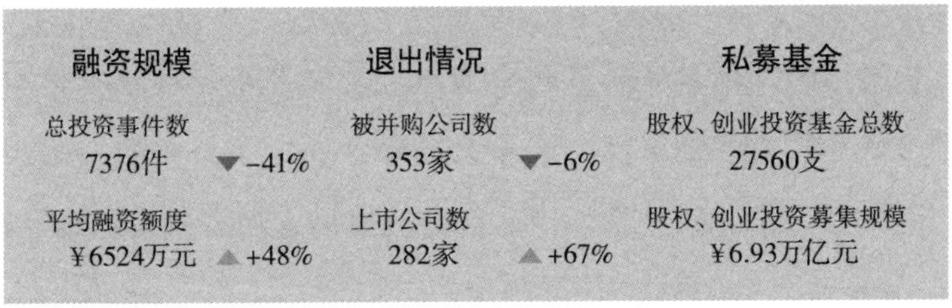

图 1 - 6　鲸准研究院发布《2017 年中国创投年度白皮书》

（数据来源：鲸准研究院）

融资不是慈善，投资人的首要目的就是盈利。因此，小公司融资之路可谓是“山路十八弯”。我们不妨换位思考一下，如果你的公司目前只有一个雏形，投资人凭什么给你的公司投资？综上所述，一个小公司如果想要成功融资，就必须使出全身解数来打动投资人，让你公司的蓝图足够诱人，唯有这样，才能够打动那些想要“借鸡生蛋”的投资者。

➢小公司内部管理存在漏洞，创始人缺乏融资思维

许多小公司在发展初期，其内部的管理或多或少都会出现不规范的现象。常见的有财务制度漏洞、缺乏内部管理控制机制。严重的甚至会出现“信用危机”或偷税漏税的情况，这些都会导致公司信用缺失，无法获得贷款，从而出现融资困难。综合来看，由于小公司自己的问题从而导致“融资难”有下面两大原因：

1. 小公司财务管理存在漏洞

许多小公司采用传统的家族式管理模式，在管理上缺乏科学性。尤其在财务管理方面，大部分小公司均存在资本周转效率低下，没有健全的财务管理体系制度，对现金流缺乏管理，从而导致了资本积累不足等问题。这些问题反映出小公司财务管理混乱，这无疑是在给自己“使绊”。

2. 小公司创始人没有融资思维

有些小公司的创始人在融资问题上认识不充分，视野过于狭隘，没有融资思维，认为贷款就是负债，这样会拖累企业。小公司的创始人应该了解融资和做大做强企业的关系，提高自己的格局，拥有融资思维。

➢融资的法律不够完善，进入资本市场的条件严苛

随着市场经济与个体创业者的活跃，国家和地方政府协同金融机构也陆续推出一系列支持创业、积极改善小公司“融资难”问题的措施。例如，自2016年5月1日开始，在全国范围内推行“营改增”。这一措施的重点在于消除重复征税、全面减轻纳税人的负担。尤其是对于小公司而言，“营改增”有利于降低公司税收成本，让公司拥有更多的可能性。

时至今日，融资环境对小公司已经“和蔼”了许多。但是由于过往积累的问题十分严重，目前虽有缓解，但现今小公司的融资环境依旧不尽人意。综合分析，由于政策原因导致小公司出现“融资难”的问题主要有以下两点：

1. 资本市场不够成熟，进入的条件过于严苛

2004年，深圳证券交易所有了中小企业板，但是股权融资的限制门槛太高。如果小公司想要在中小企业板上市，需要满足三点要求：公司需要有“三年连续盈利”；公司创始人认购的股本数额不得少于3000万元；一

旦股票发行，公司的股本总额不得低于 5000 万元。

对于这三个条件，大多数小公司在初期是无法满足的，因此这三个条件无疑是把大部分小公司的“上市”之路变得艰难。

2. 相关法律法规不够完善

我国目前关于融资的法律还不够完善。比如，我国目前并没有出台与融资相关的法律法规，虽然《中小企业促进法》已经出台，但该法案里关于融资问题的条款规定比较少，并且都是概括性的规定，参考意义不大。

以上是我国小公司融资难的主要问题，要解决这些问题就要从企业到银行、政府、信用机构及小公司本身都做出相应的改变。

1.3

想融资，就得拥有“资本思维”

根据胡润研究院2017年发表的中国富豪排名，恒大地产创始人许家印以2900亿元高居榜首。马化腾和马云家族分别占据榜眼和探花的位置，如表1－1所示。

表1－1　2017年胡润中国十大富豪榜

排名	姓名	资产（亿元）	公司名称
1	许家印	2，900	恒大
2	马化腾	2，500	腾讯
3	马云家族	2，000	阿里系
4	杨慧妍	1，600	碧桂园
5	王健林家族	1，550	万达
6	王卫	1，500	顺丰
7	李彦宏、马东敏夫妇	1，250	百度
8	严昊家族	1，150	苏太华系
8	何享健、何剑锋父子	1，150	美的
10	丁雷	1，100	网易
10	李书福、李星星夫妇	1，100	吉利

（资料来源：36计）

纵观这些榜上有名的大企业家，他们的一举一动都牵扯着国内商业的命脉。和2016年的“成绩单”相比，许家印的财富比上一年增加了4倍，身价暴涨2000亿元，打破了胡润富豪榜的最高纪录。根据胡润榜的统计，在 2017 年下半年，许家印的财富以每天十亿元的增幅上涨，让人望而生畏。

之所以在本章的开头给大家讲这样一个让人“羡慕嫉妒恨”的案例，并不是在“讽刺”大家，而是想让大家思考一个问题：同样是做公司，为什么别人就能做大做强？而我们还在苦苦挣扎？这也是让我朝思夕计的一件事。为此，我对榜上的前 20 名企业家做了一个深入的调查，通过调查发现：虽然每个公司做大做强的理由各不相同，但唯一相同的是，公司的创始人都有着相同的思维——资本思维。

业内有一句话：思维有多广，作为就有多大。公司创始人的经营思维不同，创造的公司蓝图也不一样。不管是马化腾、马云还是许家印，他们都有着资本思维，这样的思维让他们在经营企业的过程中懂得以小博大，借用资本让自己的公司发展，从而做大做强。

➢什么是资本思维

那么，到底什么是“资本思维”？所谓资本思维，一言以蔽之，就是天下人用天下财。具体来说，有以下三层含义，如图 1 –7 所示。

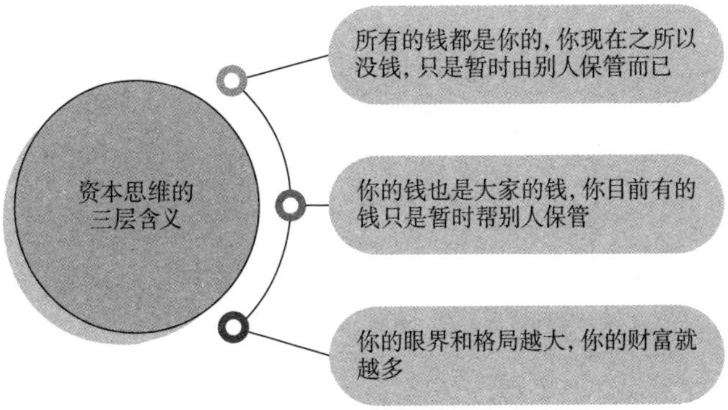

图 1 –7　资本思维的三层含义

如今是资本经济时代，小公司的创始人应该做到正确对待资本，正确使用资本，这样才能有正确的“资本思维”。

知道了什么是“资本思维”还不能算是拥有了“资本思维”，还必须得明白“为什么要拥有资本思维？”

➢为什么要拥有“资本思维”

事实上，与其说要“拥有”，不如说“资本思维”是小公司融资不可或缺的。正如庄子所言：“井蛙不可以语于海者，拘于虚也；夏虫不可以语于冰者，笃于时也。”思维决定疆界，如果一个公司的创始人像井蛙和夏虫一样，只有芝麻般的眼界，如何能看到公司做大做强之后的世界呢？

经常有小公司的创始人进入这样一个误区：认为公司就是拿来赚钱的，只要能赚钱，做什么都行。偷工减料、欺骗消费者、甚至偷税漏税、造假账游走在违法的边缘。他们的目的无非是让自己的公司看起来很成功，很“值钱”，企图狠狠地赚投资人一笔。这样的公司能够得意一时，却得意不了一世，终有一天会把自己辛苦打下的基业付之东流，公司没了，名声也臭了。

小公司想要做大做强，其创始人要拥有“资本思维”，利用资本的价值提升公司的价值。在这方面，顺丰的创始人王卫给我们做了一个很好的典范。

2017 年 2 月，顺丰在深圳股票交易所成功上市，股票开盘价为 53.5 元，当天涨至每股 55.21 元，市值 2310 亿元，超过万科、美的，稳坐深圳股市公司市值第一把交椅。

可是，获得如此傲人成绩的顺丰，最初竟然没有融资上市的想法。在王卫的思维里，他认为上市就是圈投资人的钱，自己的公司现在虽不大，但什么都掌握在自己的手里，如果要进行融资，就要把自己公司的经营状况公之于众，公司会变得透明，这样不利于公司的发展。这就是典型的“赚钱思维”在作祟。

值得庆幸的是，随着时间的推移，王卫逐渐认识到自己的这种思维是狭隘的，他逐渐掀开了资本市场神秘的面纱，让自己的“赚钱思维”彻底转变，他认识到顺丰想要做大做强，就必须走资本路线。为什么王卫的思维会转变的这么快呢？据了解，主要原因有以下两点：

1. 国家政策和资本的支持

国务院于 2015 年出台了“促进农村电商和快递业发展”的政策，大力支持快递行业的发展，顺丰无疑是最佳选择。加上各大资本对顺丰青睐有加。顺丰以股权出让的形式，出让 25% 的股份，获得了元禾控股、招商局集团、中信资本、古玉资本四家联合投资，弥补自己的资金短缺。

2. 行业竞争劲烈，不得不借力打力

随着电商行业步步为营，作为“最佳伴侣”的快递业竞争也越来越激烈。申通、圆通、韵达纷纷借壳上市，希望借助资本的力量让自己更上一层楼。行业风向是促使王卫思维转变的又一因素。

实际上，促使王卫思维转变的因素还有很多，上述两点只是最直观，也是最主要的原因。王卫的思维由“赚钱思维”转变为“资本思维”，他看到的是市场的前景，公司的蓝图，他没有拘泥于利润停滞不前，而是努力开拓局面，把顺丰做大做强，这就是顺丰成功的终极奥秘。

王卫思维的大转折，也是顺丰命运的大转折。如今的顺丰，已经不是营业模式单一的物流公司了，而是集物流、生鲜电商、跨境电商、无人机等多元化的公司。根据鼎泰新材的公告，王卫持股 99. 9% 的明德控股持有鼎泰新材总股本 64. 58% 的股份。如果根据顺丰上市当天的收盘价计算，王卫目前的身价是 1409 亿元，是当之无愧的快递业首富。现在，王卫已经成功利用资本市场，让顺丰实现了质的飞跃。

知道了什么是资本思维的含义，以及小公司的创始人为什么要拥有“资本思维”，接下来我们再来看看小公司的创始人应该如何构建“资本思维”。

➢从三个维度构建资本思维

小公司的创始人要想在市场竞争中拔得头筹，获得有力的竞争地位，把公司做大做强，可以从以下三点来构建资本思维，如图 1－8 所示。

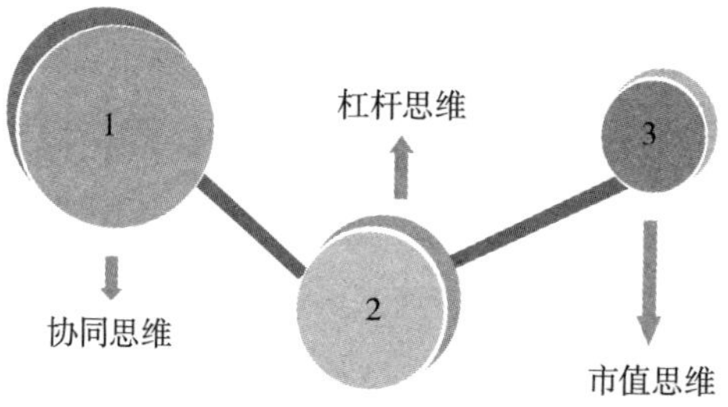

图 1－8　小公司创始人构建资本思维的三个维度

1. 协同思维

这里说的“协同”不单单是指资源共享，渠道共用，而是指各项业务之间的资源调配，以及以融资为目的的资本运作。纵观各行各业的龙头公司都有一个共同点，就是拥有出色的资源调配能力，通过借调或者重组，提高资源利用率，推动公司的发展。他们的资源周转速度甚至比资本市场更迅速。

比如阿里巴巴，马云采取的多元化战略，重点并不在经营上而是在投资上。即使投资失败，也不会对公司本身造成很大的影响，特别是现金流，依然很稳定。

2. 杠杆思维

所谓“杠杆思维”简单来说，就是以最少的投入获得最大的收益，也可以理解为负债经营。这样的思维方式可以弥补资金短缺给公司带来的影响，先入为主，占山为王。

比如，你的企业净利润达到 20%，你自己拥有的资本投资为 1000 万元，你就能获得 200 万元的净利润；如果你融得 4000 万元，举债的利益率为 10%，你需要支付 400 万元的利息，但这 4000 万元却能为你带来 800 万元的收益，减去 400 万元的利息，你还能获得 400 万元的净利润。外加 4000 万的负债经营，你就获得 600 万元的收益。

这就是杠杆思维的作用。小公司想要做大做强，晋升为大公司，小公司的创始人必须学会运用杠杆思维。当然，有一点值得注意的是：在运用杠杆思维时，一定要对公司的负债率做到心里有数。如果公司的盈利大大超过负债，则可以适当加大杠杆比例；如果负债过重，导致公司资金周转不灵，公司很快就会被拖垮。

3. 市值思维

市值思维比杠杆思维要更高级。什么是市值思维？就是借助公司本身的价值来推动公司扩张。但是，在现实中，很多小公司的创始人对自己公司的资本价值并不了解。有的创始人甚至根本不知道怎么计算资本价值。

下面通过一个简单的例子来看看什么是资本价值：

如果一家小公司的净资产是 500 万元，但是这 500 万元并不是只值 500 万元，因为这家公司每年的利润还有 300 万元。如果按照 10 倍的市盈率来计算的话，这家公司可以卖到 3000 万元。

市值就是这家公司未来能赚多少钱，而不是现在值多少钱。优秀的创始人都非常看重自己公司的资本价值。关于这一点，坊间流传的关于李嘉诚的故事也足以说明资本价值对公司的意义。

有一次，李嘉诚设宴邀请公司的客人吃饭。饭后，李嘉诚自掏腰包两万元港币结了账，在场的人都很不理解，难道堂堂首富的公司连这两万元港币都出不起吗？李嘉诚解释："假如这顿饭钱走了公司的账，那么公司就多了两万元港币的支出，与此同时，也就少了两万元港币的利润，按照现在股市 30 倍的市盈率来计算，我的公司这一会儿就少了 60 万元港币了。"

如今，靠蛮力赚钱的时代已经不复存在，现在商业竞争越来越激烈，小公司的创始人应该顺应潮流转变自己的思维，合理运用协同思维、杠杆思维和市值思维来构建自己的"资本思维"，通过融资来做大做强企业。

1.4

小公司融资前，应该考虑的四个问题

融资是一项复杂的资本行为，在实际操作中需要运用一定的策略。小公司的创始人必须要明白，一旦你决定融资，就一定要慎重，尤其是在生死攸关的早期融资阶段。

长久以来，因为盲目融资而导致公司衰败的案例比比皆是，史玉柱的巨人集团便是其中之一。在公司创立之初，史玉柱也曾一腔热血、豪情万丈，他将自己的公司命名为“巨人”，是期望公司能成为像 IBM 那样的商业巨头。正所谓“初生牛犊不怕虎”，在发展初期，巨人集团便走上了疯狂的融资之路。为了融到更多的钱，史玉柱大肆修建高楼，开拓多个新业务，最终因“饼”摊得太大而力不从心，最终惨败收场，只留下破败的烂尾楼和数亿元巨债诉说着史玉柱的“首负”经历。除了史玉柱，还有新浪的王志东和斯达康的吴鹰，都败在了“融资至上”的执念。

由此可见，小公司在融资时切忌盲目，正确的融资之道应该是在融资时保持头脑冷静，并做好充足的准备，不要成为“越努力越让人心疼”的那个人。

那么，小公司在融资前需要做好哪些准备呢？首先是要弄清楚以下几个问题。

➢融资原因：你为什么要融资

对于小公司而言，融资的原因不外乎是因为缺钱。但若要真论起缺钱的缘由，许多小公司的创始人未必答得上来。其实，造成公司缺钱的主要原因非常简单，要么是经营不善，要么是扩张速度过快。经营不善另当别论，下面主要从扩张速度过快来分析造成小公司缺钱的三个原因，如图 1－9 所示。

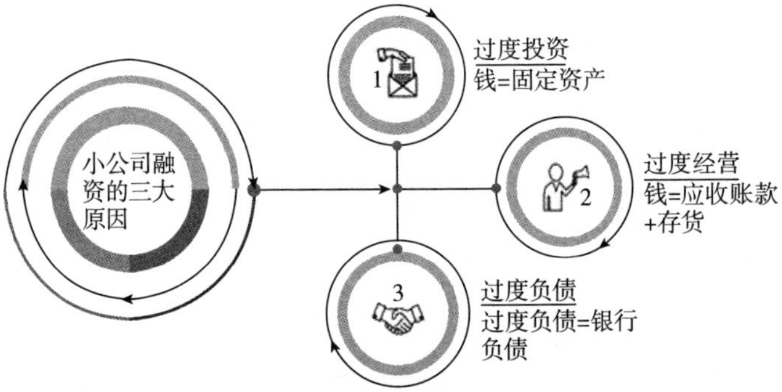

图 1－9　小公司融资的三大主要原因

1. 过度投资：钱 = 固定资产

借钱投资本身就是一种高风险的做法，谨慎是第一要务。在现实生活中，为了赢得市场而盲目投资，最终因为缺乏科学严谨的投资可行性分析而导致投资失误，造成公司资金紧张甚至资金链断裂的小公司比比皆是。在投资前，小公司的创始人必须清醒地认识到：投资不是为了钱，而是为了你看中的项目。

2. 过度经营：钱 = 应收账款 + 存货

公司的销售规模超过其现金支持临界点的销售能力，从而导致严重资金短缺的现象就叫过度经营。过度经营会给公司带来诸多弊端，其中最直接的一个后果就是公司因为应收款太多而深陷“如果不赊账只有等死，而一旦赊账就是自寻死路”的万丈深渊。如果想要避开这一雷区，公司就必须有一个结合预算和现金流预测的健全制度系统。

3. 过度负债 = 银行负债

因公司经营不善、资金无法增值而造成的公司资金在周转的某个阶段停滞，即资金沉淀。这是让公司负债的主要原因。其实，对小公司而言，负债经营十分必要，但小公司负债一定要把握好度，要严防因公司负债过多而导致公司被拖垮。

财务风险和资金成本是小公司负债需要充分考虑的内容。当资产负债率过高时，偿还压力势必增大，此时，一旦银行等金融机构紧缩银根，公司资金链就会出现危机，严重的甚至会造成断裂。

除了以上列举的三大主要原因外，造成小公司资金短缺的原因还有很多，比如资金贬值、通货膨胀、购买力下降等。小公司在进行融资时，一定要对融资是属于运营资本还是固定资产有清晰的认识，并且要明确自己融资的目的和用途，如此这般，才能有效避免盲目融资以及不顾一切乱融资给公司带来的灾难。

➤融资规模：你的公司需要多少钱

当一个小公司急需资金缓解财务困境、扩大生产，或者处于用手头有限的资金艰难维持运营的阶段时，融资就等于雪中送炭，格外诱人。在现实中，很多小公司都选择将自己融到的所有钱纳入囊中，这样做真的正确吗？答案是否定的。一个公司，尤其是小公司，融资过多，未必是明智之举。

小公司融资就好比我们饿了需要食物时在餐厅点餐。饥饿的人会根据自己的需要来选择食物。如果很饿，需要的食物多，点餐时就会多点一些；如果并不是很饿，可能只需要一点粥，点餐时也应相应少点一些。如果点餐的人明明不饿还要多点，吃不下去又硬撑，一方面会造成食物的浪费，另一方面也对健康不利。小公司融资也是一样道理——过少则不足，过多又浪费。

那么，对于小公司来说，融资额要如何确定呢？这就需要小公司的创始人结合公司自身的财务状况、经营状况及融资方式，对公司的融资额做一个详细规划。

一般来说，有以下三种方法可以帮助小公司确定自己的融资额，如图1－10所示。

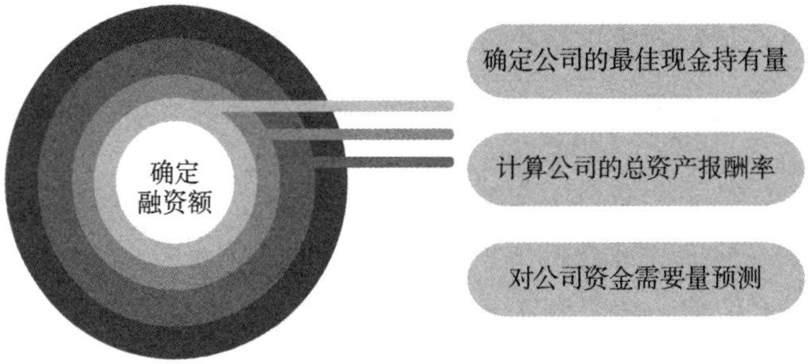

图1－10　小公司确定融资金额的三种方法

1. 确定公司的最佳现金持有量

现金持有量对小公司的发展至关重要，一个小公司账面上的现金持有量，如果过少将加大公司运营的风险；如果过多又会对公司的扩张产生影响。因此，小公司在实际经营中对最佳现金持有量的确定是十分必要的。一旦确定了自己公司的最佳现金持有量，小公司的创始人便可以在推算融资金额时，根据这个数值来确定最终融资规模。

如何确定公司的最佳现金持有量呢？创始人可以从公司的日常周转及公司正常经营活动需求、应对突发事件的需求、并购或投资需求三个方面着手。其中，公司的日常周转及公司正常经营活动需求受自身所处行业周期、市场环境、现金流入流出三大因素的影响；公司应对突发事件的需求受自身融资能力的影响；公司并购或投资需求受公司战略及市场机遇的影响。

2. 计算公司的总资产报酬率

总资产报酬率又叫“基本获利率”，它的计算公式为：

$$总资产报酬率 = \frac{息税前利润}{总资产} \times 100\%$$

小公司的创始人应根据公司实际情况去分析自己的融资原因和融资规模。对于小公司而言，总资产报酬率和资产的运用效率是成正比的，如果一个公司的总资产报酬率越高，说明公司资产的运用效率越好。而公司资产的运用效率越好，公司产生的利润越大，融资需求越小，融资效果就越好。

3. 对公司资金需要量进行预测

资金需要量预测是指小公司通过考量公司生产经营的实际需求，对需要的资金做出分析和推测，推算出公司需要多少资金额后再减掉公司现有的资金额，余下的部分就是公司需要融资的资金额度。

在实际操作中，公司究竟需要多少资金其实很难精准算出，这是因为公司在经营的过程中具有许多的不可控因素。下面向大家介绍两种预测融资资金需求量的可行办法，以帮助小公司创始人更合理地规划融资规模。

（1）销售百分比法。

这种方法的基本计算公式为：资产 = 负债 + 所有者权益。在实际操作中，小公司可根据本公司的销售增长与资产增长之间的关系，预测出公司未来的资金需要量。

需要注意的是，在使用销售百分比法时，小公司应该假设某些资产和负债与销售收入之间存在稳定的百分比关系，避免因为相关因素发生变化，导致某些假设条件不成立时造成的预测结果和实际资金需求量之间产生偏差，进而做出错误的融资决策。这里又需要记住一个基本公式：

外部融资需求量 = 增加的资产 − 增加的经营负债 − 增加的留存收益

（2）因素分析法。

这种方法的基本计算公式为：

资金需求量 = 常资金占用额 ×（1 + 预期销售增加率）×（1 + 预测期资金周转变动率）

小公司在使用这种方法时，要以公司经营项目的基期年度平均资金需要量为基础，再对年度生产经营任务和资金周转的要求进行分析，最终推算出未来公司所需的资金额。

因素分析法非常适合资金用量小但经营品种复杂多样的小公司，而且计算起来也十分简便。

➢融资方式：你的公司要如何融资

融资方式也是小公司在融资时必须要考虑的问题。这里所说的融资方式就是指公司通过不同的融资方式融得的资金的有机搭配和各种资金所占的比例。一般来说，小公司常见的融资方式如图 1 – 11 所示。

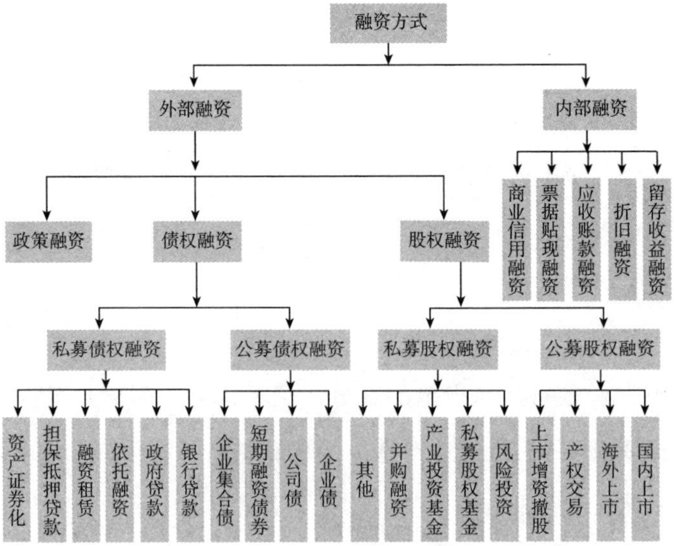

图 1 – 11　小公司常见的融资方式

弄清楚了小公司融资的方式，小公司在实际操作时还需要考虑外部融资和内部融资两种方式哪种更适合自己，更能帮助自己实现利益最大化。

小公司在选择融资方式时，可参考美国经济学家梅耶所提出的“啄食顺序理论”，具体如图1－12所示。

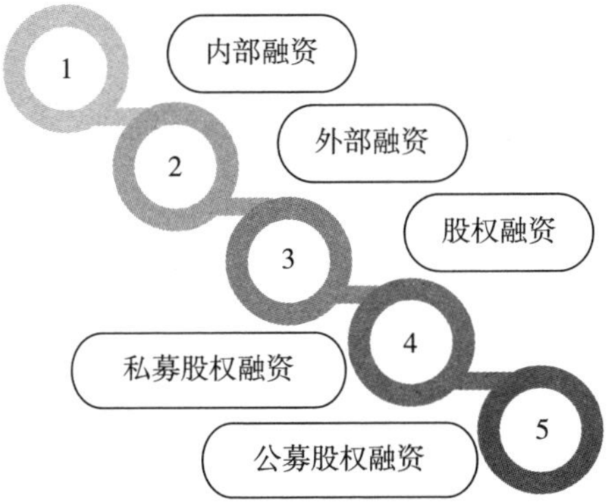

图1－12　小公司融资的优劣顺序

需要注意的是，“啄食顺序理论”只能作为小公司融资时优劣顺序选择的一个参考，它并不是所有公司都必须遵循的标准。就像世界上没有两片相同的树叶一样，在生活中，每个小公司的实际情况也不相同，相应的也就会产生不同的融资的成本和门槛。小公司在实际的选择过程中应根据公司的实际情况，慎重决策。目前，就我国的整体情况而言，许多小公司都存在积累不足、上市融资成本低于债权等问题，所以，股票融资方式更符合小公司的需求。

➢融资成本：你的公司需要付出怎样的代价融资

天上不会掉馅饼，小公司如果想借用他人的钱，就必须有所付出，这里的“付出”就是融资成本。小公司在融资前，除了要考虑融资原因、融资方式和融资规模，还要考虑融资成本，要确保融资收益大于融资成本，避免竹篮打水一场空。

下面将从财务成本、风险成本、机会成本三大方面来详细地解读融资成本。

1. 财务成本

财务成本主要由融资费用和资金使用费用构成。其中，融资费用是指公司在融资过程中产生的代理费、委托金融机构代理发行股票等各种费用；资金使用费是公司向提供者支付的报酬，例如，股票融资中向股东支付的股息等。

2. 风险成本

风险成本主要是公司因融资而导致的财务困境和破产。例如，公司在进行债务融资时经营不善，导致资不抵债，就会导致公司破产。

3. 机会成本

把某种资源用于某种特定用途时不得不放弃它在其他各种用途可能获得的最高收益就叫作机会成本。

很多时候，公司不需要支付费用便可以零成本使用内部资金。但这些被公司“无偿”使用的资金其实是可以产生效益的。也就是说，当公司把这些资金不用于公司经营而投资到别的领域，就会获得相应的收益。因此，当小公司创始人在进行融资时，应该就资金的使用做一个权衡，分析这些资金是在市场上的收益高，还是在公司内部使用产生的收益高，如果其在市场的收益大于在公司内部的收益，资金报酬率是负值，就说明你的融资成本过高，需要适度调整。

显而易见，融资并非是无本生意，它是一项机遇与风险并存的经济活动。其实，任何事都情都具有两面性，作为一项牵扯面广、影响深远、复杂多变的资本行为，融资也绝不例外。小公司在融资前需反复斟酌以上四个问题，树立正确的融资观念，保持清醒的头脑，客观地看待融资行为，只有这样，你才能成功融资，最终将公司做大做强。

第2章

股权融资：

小公司最好的融资方式

可以说，股权融资是小公司最好的融资方式。理解股权融资，选择正确的融资方式，遵循股权融资的基本原则，小公司才能顺利地完成有效融资。

2.1 股权融资仅仅是解决资金短缺吗

在前面的章节里介绍了小公司的融资方式有很多种，你也许有些迷糊哪种方式才真正适合自己？的确，方式有很多，但是小公司由于规模小、实力弱、盈利缓慢，再加上国内金融政策对小公司客观存在的非公平性待遇和小公司自身固有的一些缺陷，使得小公司选择融资的方式有一定的局限性。

那么，有没有一种万能的融资方式适合所有的小公司呢？答案是肯定的。在众多的融资方式里，股权融资是最适合小公司，也是最有效的一种融资方式。

➢什么是股权融资

在了解股权融资怎么做之前，我们先来了解一下什么是“股权融资”。简单来说，所谓股权融资，就是小公司的股东愿意拿出一部分股权来换取资金。股权出让后，花钱买入股权的这一方就成了小公司的新股东，拥有属于他们的股东权益，可以定期获得公司分红。小公司得到融资后可以扩大公司规模，增强公司实力，做大做强公司。

通俗地说，就是把一部分股权卖了来换钱。但是小公司不用还本金和利息，新加入的股东和老股东拥有一样的权益。这种方式既可以降低小公司自身的风险，还可以让自己的资金链更加坚固。

总的来说，股权融资有以下三个特点，如图 2－1 所示。

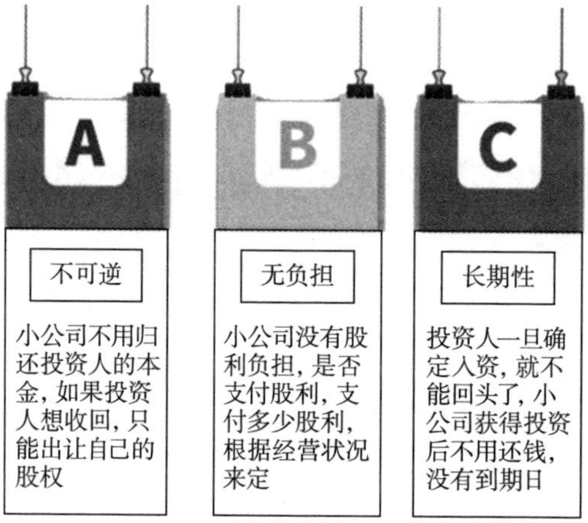

图 2－1　股权融资的特点

➢股权融资为小公司带来的三大价值

市场上也有不缺钱的小公司，但是这些小公司不缺钱就不需要股权融资吗？实际上，股权融资对小公司的意义不仅仅局限于解决资金紧张，它还能为小公司提供一个非常广阔的未来发展前景，让小公司拥有更多的可能性。总的来说，主要有以下三点：

1. 改善小公司的治理结构

著名经济学家乔治·斯蒂勒曾指出，大部分大公司都有过某种程度、某种方式的扩张兼并历史，慢慢发展成商业帝国。小公司通过发行股票，可以在短时间内募集到大量资金，再用钱生钱，进行投资、扩张、兼并等途径，让自己的规模变得越来越大，竞争力越来越强。

除此之外，小公司进行股权融资，必然要引进新股东，这一举措可以稀释大股东的股份，打破一人独大的经营局面，让公司的管理经营更完善，更有秩序。与此同时，公司后期出现的资金链完整、人才引进、开拓市场等问题，投资人都可以利用自己手中的资源解决，推动小公司快速发展，实现盈利。

2. 融资简单，没有成本压力

和其他融资方式相比，股权融资不仅简单、成本少，而且方式比较灵活，融资周期短，能够及时解决小公司资金难的问题。

有一家科技公司成立三年，有两位创始人，公司注册资金是200万元。但是公司营业的前两年基本处于亏损状态，到第三年才开始渐渐好转，但是盈利有限。两位创始人决定放弃分红，把目前的盈利全部投入到公司中。现在公司已经进入第四年，预计今年的盈利会比往年有明显的增加，但是可分红盈利也不会很多。作为公司的创始人，对自己的公司总是抱有极大的信心的，可是面对现实，这两位还是很心虚。

这时，有一家股权投资机构看中了他们，认为他们很有发展潜力，经过谈判，最终为这家公司估价为600万元，投资机构准备投资200万元，获得这家公司总股本的25%。同时，两位原始股东考虑到自己这几年来没有任何收入，已经影响到自己的正常生活，于是决定再出让15%的公司股份套现120万元。于是，投资机构以320万元的价格获得了该公司40%的股份，而两位原始股东手中依然掌握着60%的股份，还得到了120万元的收入。

就目前我国股权市场的情况来看，股权融资对小公司来说成本比债务成本低得多。股权融资的成本主要有以下两种，如图2－2所示。

有部分小公司的创始人认为增发新股会影响自己手中的股权份量，降低自己对公司的控制权，进而对股权的激励作用也有所影响。但是股权融资对股权的冲散，从另一角度来说能够完善公司的管理结构，激励作用会更强。就我国的情况而言，那些国有企业改制的公司，国家控股超过

图2-2　股权融资的两大成本

50%，对控股地位基本没影响。

那么，如果我们把小公司融资的总成本设为CS，股票投资股利设为PS，股权融资交易费用设为CT，这样看来，小公司股权融资的总成本公式如下：

$$CS = PS + CT$$

由此可见，股权融资的成本和其他融资方式相比，要低很多，基本没有可比性。因此，对小公司来说，股权融资是最好的方式。

3. 有利于小公司未来资本运作

所有的小公司在进行股权融资时，都会考虑和筛选投资方。如果投资方有一定的声望和地位，在资本市场有一定的话语权，对小公司将来上市很有帮助，还能提高小公司上市后的在二级市场的估值。

在广西有一家小公司的年净利润为2000万元。当时国家大力扶持装备工业公司上市，这家公司也有了上市的想法。但是这家公司的管理人主攻技术，对上市方面的操作不了解，同时他也担心公司如果上市失败，自己目前投资的人力、物力、财力都打了水漂。最后通过内部管理层的认真调研，这家公司觉得私募股权融资是个不错的办法。经过一年的努力，最终找到一家“对味”的股权投资公司，做出两项决策。

（1）该公司拿出 20% 的股份，换取 2000 万元人民币的资金，这 2000 万元在这家公司接下来的上市准备上起到了举足轻重的作用。

（2）在上市准备过程中所需的成本支出，也从这 2000 万元中支出。就算公司最后上市失败，这部分费用也不会对公司经营造成很大的影响。

实际上，这家投资公司之前已经做过很过类似公司的投资了，其中有三家已经成功上市。可以说，投资公司之前累积的经验，正好可以指导这家公司如何操作，起到了“传道授业解惑”的作用。加上投资公司之前的成功经验，在业内为自己累积了很好的口碑，在进行这家公司的上市操作时，一定事半功倍。

经过多方努力，这家公司目前的上市工作进行得非常顺利，有很大的希望实现上市梦。

总而言之，股权融资对小公司来说，是亦师亦友的关系，既能像朋友一样在危难之时伸出援手，也能像老师一样在迷茫之时指点迷津，保证小公司的可持续发展。

除了以上三点，股权融资带给小公司的好处还有很多，比如，扩大公司人脉资源，开辟新的市场，提高公司赚钱的能力，为公司提供发展机会，吸引高水平的人才等。

只要我们善于观察，就不难发现，这几年我国的创业新星，比如网易的丁磊、盛大的陈天桥、无锡尚德的施正荣等，在他们的成功的秘诀里，一定少不了股权融资的身影。其实股权融资是资本市场中最常见的，也是最好操作的融资方式，如果没有股权融资，即使像蒙牛、分众、九城这样的大公司是否能有今天的成绩，答案都不确定。

2.2

小公司股权融资的三大方式

目前，小公司常见的股权融资有以下三大方式，如图 2－3 所示。

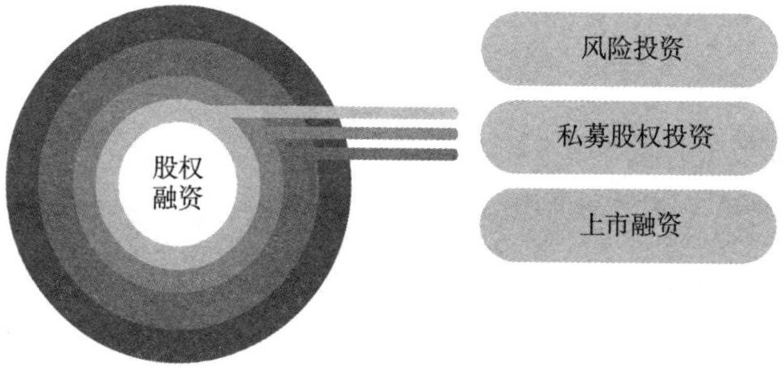

图 2－3　小公司股权融资的三大方式

➢风险投资

风险投资（Venture Capital），也就是我们通常所说的“VC”，在我国也被很多人称之为“创业投资”。它是指风险投资机构或投资人将他们的资金投给他们认为有价值的公司，从而获得收益的行为。

1. 风险投资的特点

风险投资和其他融资方式有所不同，主要表现在以下三个方面，如图 2－4 所示。

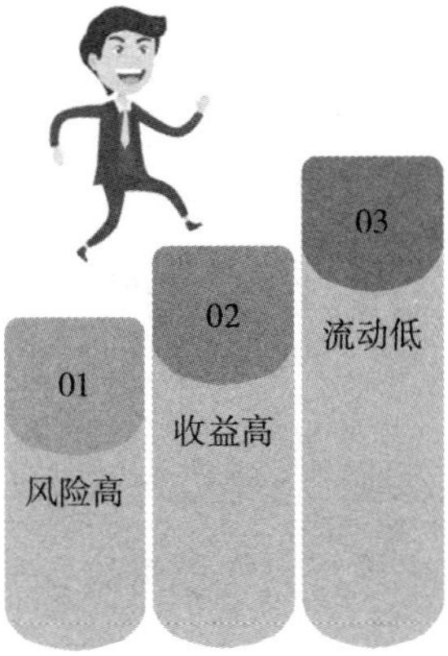

图 2 －4　风险投资和其他融资方式的不同

（1）风险高。

风险投资的投资对象大多是刚起步的高新技术型公司，这类型公司大多基础薄弱，没有固定资产作为抵押从银行贷款，所以，风险投资实际投资的是公司的“创意”。而这些创意一般没有经过市场的检验，投资人能否获得投资收益，存在较大的不稳定性。因此，风险投资具有较高的风险。

（2）收益高。

风险投资是一种战略性投资，是把投资收益寄托于公司的高成长潜力上，犹如赌博，一旦投资成功就会获得巨大的投资回报。风险和收益是成正比的，风险投资的高风险也决定了它的高收益。

（3）流动低。

风险投资的对象决定了投资周期长，一般需要 4 ~8 年的时间，才能等到公司发展成熟并有一定的市值，投资人才能通过股权变现，撤出资金获取回报。但是这种方式的退出在遇到出口不畅时，资金撤出就会比较困难，从而降低了风险投资的流动性。

通过风险投资的三大特点，我们可以看出，风险投资不仅仅是一种风险行为，更是一种冒险行为。不同于银行贷款的是，风险投资更多的是在未来的高风险和高回报之间博弈，通过分析市场、评估技术、制定战略、评估风险和投资回报，以及培养先进的管理人才来驾驭风险。但是，这些风险是不可控制、不可规避的，即便如此，它的高回报，仍然让投资人趋之若鹜。

2. 风险投资的标准

所谓“要想改命，必先知命”，小公司要想成功获得风险投资，必先知道风险投资的标准。通常来说，风险投资的标准有以下三个方面。

（1）公司融资的基本条件。

不管什么样的投资方都不会选择一个不具备融资条件的公司。一般来说，一个公司融资的基本条件有以下几项：

• 有高素质的创始人。创始人要有承担风险的勇气，为公司鞠躬尽瘁的决心，相信公司有美好前景的信心。同时还应是一位有决策能力、有凝聚力的领导人。

• 有未来愿景和立足现实的商业计划书。这个计划书要能阐述公司发展的前景，明确公司的优劣势、目标市场和目标客户；同时又有深谋远虑，能制定符合公司未来发展的战略计划，以及股权融资计划。

• 有迎合市场需求或挖掘市场需求的新产品或新技术。顾客有了需求，就会有市场，公司有了市场，就有盈利，也就有了未来发展的动力和支持。

• 有高效协作的管理团队。公司的团队需集管理人才、技术人才、营销人才于一体，彼此之间能够相互协作，促进公司发展。

• 有资金基础。任何公司没有资金为后盾，就没有发展所需要的“血液”，一切都是空想。虽然没有资金才会进行融资，但公司至少有能保持公司基本生存的资金。

（2）厚爱高科技公司。

在创投界，风险投资一般比较厚爱高科技公司，比如药品、通信技术。如果你的公司有一项受保护的先进技术或者产品的话，风险投资会更加地趋之若鹜。因为高技术领域中受到保护的产品和服务能够更好地进入市场，还能在激烈的市场竞争中脱颖而出，所以，拥有高利润的高科技公司很容易得到风险投资的青睐。

（3）有行业从业经验。

在大多数的风险投资中，风险投资人都会要求公司的创始人有行业从业的经验。试想一下，如果一个创始人声称自己的“主意”有多好，但他却没有在该行业工作的经历，那么不管是什么样的投资人，都会持怀疑的态度。这就好比一个中文专业的学生去应聘技术工作，无法让人信服。一位著名风险投资人曾经说过这样一句话：“你可能会从一个缺少经验的风险企业家那里收回你的投资。但也许只是这一次，在很小的成功机会下，你得到了报偿。因此，我们为什么不试着利用经验去提高成功的机会呢。”他的切身体会，很大程度的说明了风险投资对于创始人经验的要求。

以上三点便是风险投资的标准，虽然表面看起来，投资的标准有些苛刻，但事实上，小公司选择风险投资进行股权融资是有优势的。这种优势主要表现在两个方面：一是小公司技术创新效率高，能够更快地适应市场变化；二是小公司规模小，所需资金少，风险投资能在低风险的情况下，用更少的资金投入获得很多的利润回报。

所以，小公司不用担心自己的公司规模小，不会受到风险投资的青睐。事实上，只要你的公司拥有融资的基本条件，或者是一家高科技公司，并且有着丰富的行业从业经历，便能获得风险投资的青睐。

➢私募股权投资

私募股权投资（Private Equity），也就是行业俗称的“PE”，是指对具有高成长性的非上市公司进行的股权投资，是小公司股权融资的主要方式之一。私募股权投资是一种权益性投资，在交易实施过程中附带考虑了将来的退出机制，即通过上市、并购或管理层回购等方式退出变现。

私募股权融资有广义私募股权融资和狭义私募股权融资之说。广义私募股权融资范围较广，涵盖公司未公开进行权益性融资前的各阶段。狭义股权融资对象主要是进入成熟期的公司。具体如图 2 –5 所示。

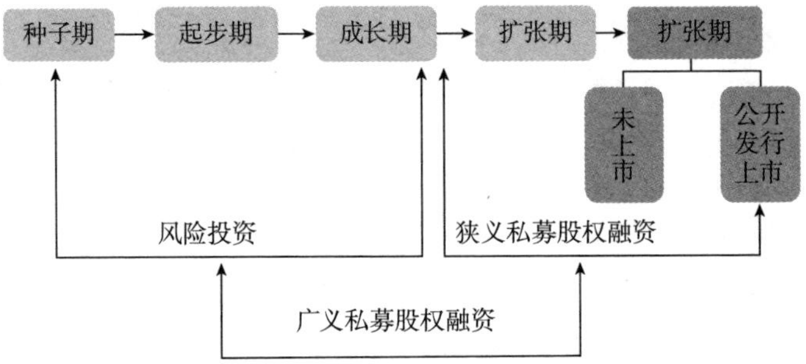

图 2 –5　广义和狭义私募股权融资

1. 私募股权融资的优势

私募股权融资具有广泛、稳定和高附加值的特点。小公司发展时间较短、规模较小、决策权高度集中，因而导致公司没有太多时间积累资金，资金薄弱、抵御风险能力差、融资能力差。私募股权融资是一种新兴的融资方式，能够对不同发展阶段的公司进行融资，能提高公司的资源配置能力、改善公司资本结构，降低资产负债率，促进经济结构优化，帮助小公司更好地应对竞争。所以，对于小公司来说，私募股权融资是相对最佳的融资选择。

具体来说，私募股权融资能给小公司带来以下三大好处：

（1）更易广泛筹集资金。

小公司由于规模小、盈利差、财务状况不佳，因而很难通过银行融资，而其他融资方式大大增加了公司的融资成本。私募股权融资不会给公司带来债务，又可以筹集到数量可观的资金，为扩大公司规模、扩张、占有市场、产品升级换代、技术改革等提供资金基础。但小公司需要注意的是，每增发一次新股，原股东对公司的股权就会被稀释，对公司的控股权也会相应减弱。

（2）高附加值服务。

私募股权融资后，投资者将拥有部分公司所有权，自身利益和公司利益是一致的。如果公司发展快速，盈利多，则投资者所获得的回报就越多。因此，投资者会利用自身所拥有的资源来帮助小公司成长。这对小公司来说是很重要的，相当于身边多了一个导师、合伙人，可以在导师的指引下顺利避开发展道路上的障碍。

（3）稳定的资金来源。

相比贷款，私募股权融资最大的特点是不用偿还本金，一般不需支付利息。股利支付的多少根据公司实际状况而定，投资者投资后不能随意撤资，不能要求退股，不过股票可以在二级市场转让。

2. 私募股权投资的标准：公司的成长性

小公司要想成功获得私募股权融资，首先要弄明白私募股权融资的投资标准。私募股权投资的投资逻辑如图 2 -6 所示。

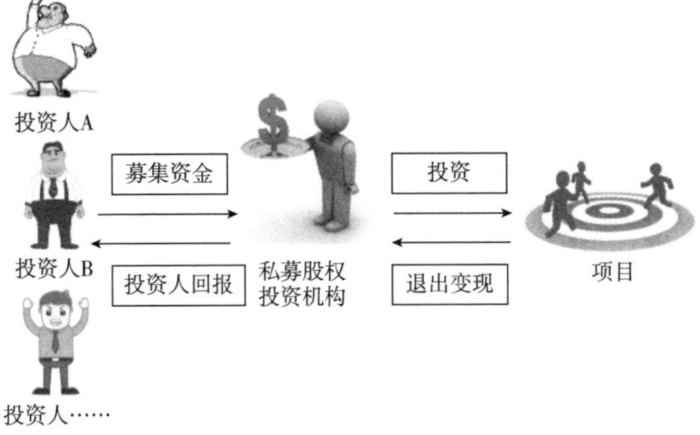

图 2 -6　私募股权投资方式的投资逻辑

私募股权投资的最终目的是通过推动被投公司上市而退出变现，这对项目的成长性提出较高的要求。只有小公司的项目具备良好的持续成长性，上市的可能性才更高一些，投资才能成功。

比如2016年年底，阿里巴巴旗下的本地生活服务O2O平台“口碑”进行的新一轮融资，就是采用的私募股权投资这种方式。融资额为12亿美元，估值80亿美元，美国银湖资本、鼎晖投资等都参与了此轮融资。

“口碑”之所以能获得这么高的融资额，是因为如今利用互联网订购外卖的用户越来越多，预约美容护理和寻找家政保洁等本地生活服务也吸引了大量消费，这是一个很有成长性的项目。

不同的公司类型有不同的成长关键点。对于技术型公司来说，持续的技术创新能力、研发人员和技术创新体系是判断其成长性的关键；对于运营型公司来说，一支完整的、执行力强大的创业团队是成长的关键。

但无论哪一种类型的公司，成长性最终都会表现在财务指标上。所以，即便你拥有专利技术、各种名目奖状、所在行业受到政府重视等优势，私募股权投资机构也很难因此被你打动。他们会通过核心能力和财务指标判断你的公司是否具有成长性，以做出投资决策。

一般情况下，私募股权投资机构会从以下几个关键要素衡量小公司是否具有成长性，从而决定是否投资。

（1）市场容量。

业内人士称这一关键要素为“离天花板的距离”。对于主营业务集中于某个细分行业的公司，私募股权投资机构首先会看这个细分行业的市场规模、行业竞争情况。细分行业的市场规模是公司理论上的成长潜力最大值。此外，国家产业政策对企业的发展空间也有一定影响。

（2）创业团队。

公司的创业团队背景，创始人的管理能力和社交能力以及团队职能布控等都是私募股权投资机构关注的信息。

（3）技术能力。

这里所说的技术能力不只包括公司研究开发产品的能力，还包括技术商业化的能力，也就是生产能力和市场营销能力。

（4）公司的生命周期。

小公司可以问自己以下几个问题：

· 产品或者服务是否处于快速迭代的行业？

· 是否面临被新技术和新模式颠覆的压力？

· 所处行业是新兴产业还是传统行业？

· 如果是新兴产业，产品规模是否已经足够大？

· 如果是传统行业，是否有新的增长点？

以上几点都是私募股权投资机构判断小公司生命周期时关注的几个方面，小公司可以据此做出应对措施。

➢上市融资

人们常说的 IPO，中文全称是“首次公开募股”，具体是指一家公司将全部资本等额划分，表现为股票形式，经中国证监会批准可以上市发行，在股票市场流通，由投资人直接购买，这种融资方式就是 IPO。大部分情况下，IPO 就是上市的意思。

小公司通过 IPO 不仅可以在短时间内筹集到巨额资金，还可以增加公司的市值、提升企业形象和储备人才。

1. 什么样的公司可以 IPO

IPO 是一项繁杂的系统工程，涉及很多环节。对于小公司来说，要想达到 IPO 要求，至少需要一年的时间。

很多小公司的创始人在说到 IPO 时，都是一脸担忧之情：“我的公司规模小，能上市吗？要想上市是否遥遥无期？”其实非也，任何一家公司，只要有上市的打算，并逐渐完善法律、法规体系，都有可能走向资本市场。下面，将针对目前几大主流公司的上市情况进行分析，希望能够帮助小公司创始人全方位了解自己的公司是否可以上市，是否能够迅速上市？

（1）互联网、高新科技亏损公司上市。

漂亮的营业额，过度包装粉饰的高增长率，是互联网公司常用的伎俩。众所周知，目前互联网公司大部分属于亏损企业，但不少互联网公司却走向了资本市场。像阿里巴巴、京东、途牛网等，都相继上市了。

在我国，盈利门槛是最大的问题。历史盈利记录，是否具备持续盈利能力，是能否上市的硬性指标。该指标使新兴产业领域中一些具有较好盈利前景的公司，仍处于亏损阶段。认识到这一问题后，2014 年，监管层加大了改革力度，提出了推动亏损网企和高科技企业国内创业板上市的议题。对于尚未盈利的小公司，如果能实现创业板上市，将大幅拓展创业板支持创新经济关键领域覆盖面。所以，如果你的公司也属于互联网或高科技企业，即使处于亏损状态也能在国内外实现上市。

（2）商业渠道上市。

渠道决定着公司自身产品的影响力、产品销量、媒体支持等。所以，即使你的公司只是一个商业渠道，也可以上市。聚美优品的商品渠道就是一个典型案例。

聚美优品由陈欧、戴雨森等创立于 2010 年。聚美优品首创“化妆品团购”模式：每天在网站推荐十几款热门化妆品。2014 年 5 月 16 日，聚美优品在纽交所正式挂牌上市。2014 年 6 月，聚美优品低调上线海淘网站海外购。同年 9 月，聚美全面发力海外购，并在首页开通独立频道。

（3）规模较小的公司上市。

公司小，员工规模十几人、几十人的公司也能上市。公司虽然小，但由于经营成本低，专业化程度高，能够产生较高的利润率。这样的小公司在欧美市场创业板是可以达到上市标准的。深圳市迅雷网络技术公司的上市是典型的小规模企业上市案例。

深圳市迅雷网络技术公司成立于 2002 年，由邹胜龙、程浩始创于美国硅谷。2003 年 1 月，两位创始人回国发展并正式成立深圳市三代科技开发公司。2015 年 4 月，迅雷宣布，已同独立第三方北京响巢国际传媒有限公司签署一份受法律约束的框架协议，将出售迅雷看看的全部股权。迅雷创立至今，在视频媒体及 P2P 点对点传播技术方面虽然已是老牌公司，但公司规模并不大，只有几十人。但这样小规模的公司，并没有影响它的上市之路。2014 年 6 月，迅雷登录美国纳斯达克股票交易市场，成功上市。

2. 如何申报 IPO

IPO 申报的过程中，牵涉了方方面面。程度繁琐是一方面，另一方面小公司要学会处理上市过程中的种种问题，比如学会处理举报信息和媒体质疑、充分论证市场前景和盈利能力等等。只有把这些问题都一一处理好，方能成功上市。否则，前期所准备好的一切都是白费。

那么，小公司具体要如何处理 IPO 过程中的问题呢？下面，就针对几个主要问题一一解答。

（1）申报所需材料。

小公司所需的申报材料由公司及各个中介机构出具。比如，招股说明书、保荐书、法律意见书等，其他资料则需要由政府相关部门提供。而小公司需要提供的资料内容如表 2－1 所示。

表 2-1 小公司申报 IPO 所需提供的资料详情表

资料名称	具体内容
公司基本信息	股票代码、股票简称、股票类型交易所、公司名称、所属行业、所属省市、注册地址、注册资本、办公地址、邮编、电话、传真、上市日期、董事会秘书等
财务数据	主要是公司的资产负债、盈利能力、发展能力、成长能力、经营效率、现金流等财务指标
股权结构	第一大股东股份、第一大股东性质、第一大股东占股比例
董事会情况	董事会人数、独立董事人数、具有会计背景的独立董事、经理层人数、总经理担任人等
董事会会议情况	会议次数应到人数、实到人数、独立董事实到人次、独立董事对有关事项提出的情况
董事激励机制	前三位高管报酬总额、独立董事报酬、约束机制期股、其他长期激励等
其他年度数据	审计意见、非审计意见
募集资金	募集资金总额、募集资金投向、改变募集资金投向的数额、募集时间
担保情况	被担保方、与本公司关系、担保开始时间、担保结束时间、担保金额
或有事项	或有事项内容、或有事项损失
关联交易情况	向第一大股东购买数额公司、20XX 年购买流出现金量、向第一大股东销售数额公司、20XX 年销售流入现金量、向第一大股东购买资产数额、向关联方提供资金、关联方向上市公司提供资金
公司董事信息	董事会人数、40 岁以下人数、40~49 岁人数、50~50 岁人数、60 岁以上人数、学历情况、近三年重大业绩或不良记录
分红送股情况	20XX 年后转赠、送股、派息情况
发展战略	最近三年公司所进行的主要战略调整
社会贡献	最近两年公司参加的社会公益活动。比如，获得的荣誉、获得荣誉的时间、评比或授予单位等
辅助材料	招股说明书所引用的相关证明。比如，社保的缴纳情况，安全生产证明、历史沿革上瑕疵的追认等

（2）IPO 发审工作流程。

根据中国证监会发行监管部公布的《首次公开发行股票审核工作流

程》，IPO 发审工作可分为以下九大流程，如图 2－7 所示。

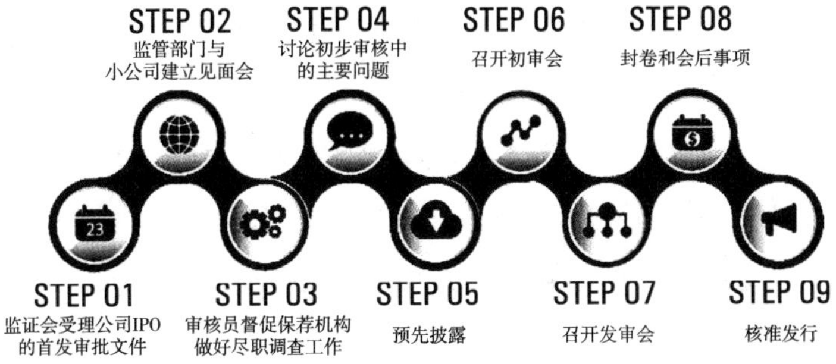

图 2－7　小公司 IPO 的审核流程

（3）IPO 发行股票。

拿到中国证监会核准上市的批文以后，小公司就可以刊登招股说明书和上市公告书，在证券交易所的安排下挂牌然后上市交易。上市发行股票的流程如表 2－2 所示。

表 2－2　小公司 IPO 发行股票的流程表

时间（T 为发行，L 为股票上市日）	项目
T－7 日	领取核准批文
T－6 日	披露招股意向书
T－5～T－3 日	线下初步询价
T－1 日	披露发行公告
T 日	网上网下定价发行
T＋3～T＋5 日	募集资金到账办理股份登记申请上市
T～T＋5 日	上市委员会审核
L－1 天	刊登上市公告书
L 日	股票上市

3. IPO 的注意事项

虽然小公司实现 IPO 有诸多好处，但这是需要成本的。所以，在 IPO 的过程中，小公司必须考虑到上市成本，这些成本包括以下几点：

（1）承担费用风险。

在IPO的过程中，小公司要支付上市所花费的费用。如果公司上市失败，这些费用则无法退还。

除了要承担上市失败的费用，上市后每次新股发行，也需要支付相应的法律、会计费用以及申报注册费用。另外，还有上市后的很多循环费用，比如，年度行政和投资者关系费用、预期之外的税费等。

（2）隐私公开。

公司IPO，必须根据要求披露所有可能影响投资人买卖或持有公司股份的决策的重要事件。小公司必须披露有关收益、竞争地位、报酬、雇员福利和其他财务信息。这些信息恰恰给竞争对手提供了方便。另外，重要的公司决策将受到投资人、股东和监管机构的事后审查。

（3）内部销售股权受限。

公司股东、管理层等相关人员，也会受到一些因素的限制，使“锁定”期内的股权不得销售。一些国外证券市场还要求股东的股票在公开发行后一段重要时期内，由第三方暂为保管。如果内部人员在实质性非公开信息的基础上交易公司股票，那将要承担民事和刑事责任。

到此为止，所有的IPO上市融资的特点、流程、注意事项你都已经知晓，接下来，你要做的只有一件事：按照上面所述积极准备IPO，然后静待IPO成功的佳音。

2.3
小公司股权融资需遵循的三大原则

1999 年，刚刚踏出大学校门的周亚辉便走上了创业的道路。2008 年，在历经了四次创业失败后，周亚辉的昆仑万维正式成立。昆仑的首次股权融资非常顺利，在仅仅会见了五六个顶级投资人后不久，周亚辉便得到了融资。然而，周亚军并没有接受这些融资。

是什么原因让他放弃了股权融资呢？原来，在筹备股权融资短短的四个月时间里，昆仑实现了产品收入从几十万元到 700 多万元的飞速增长，此时的昆仑已经不需要股权融资了。

之所以在本节的开头讲昆仑的故事，是想提醒大家，股权融资是一个复杂的过程，必须遵循一定的原则，切忌盲目。在进行股权融资时，小公司需多方考虑公司自身具备的内在条件和外部环境影响等各种因素，做到有的放矢，谨慎而为。如果小公司抱着侥幸心理，像无头苍蝇似的到处乱撞，很容易受到各种招摇行骗的投资中介和投资公司的蒙骗，劳神伤财，甚至影响公司的正常运行。

那么，小公司在进行股权融资时，应该遵循哪些原则呢？

➢诉求原则：不是非要拿到钱不可

在股权融资前，你一定要清楚自己融资的诉求，而不是说非要拿到钱不可——这是小公司创始人在股权融资时必须遵循的融资第一原则，也是所有融资过程的核心内容。其实，在股权融资的每个阶段，小公司都应该弄清楚公司自身的诉求及投资人的诉求，再根据这两种诉求做出正确的融资决策。表 2 –3 是小公司不同融资阶段的不同诉求。

表 2 –3　小公司不同融资阶段的不同诉求

轮次	场景	小公司的诉求	投资人的诉求
天使	初创期、做产品阶段	做出产品需要的最合理的人和成本	投资于需求，即 100 万美金内可以做出产品，1000 万美金以上需要有异于常人的积累。
Pre – A	产品出炉、但尚未经过市场验证的阶段	市场验证、维持团队	投资于产品及需求
VC	公司完成了市场验证，需要加速现金流收益慢于损益收益	用资本换时间，加速发展	投资于已验证的模式、赚取高速成长的钱
PE	资本化未知或上市前的阶段	定价估值、寻找资本背书、增加资金储备、	声誉换取利益、二级市场套利

事实上，股权融资也是小公司与各个投资人互相交流的一种有效途径，小公司可以借助股权融资的过程来梳理自身的发展战略。在股权融资时，小公司通常会收获多角度的质疑和建议，如果小公司可以独立地去思考并消化这些质疑和建议，就可以很好地梳理自己的战略。在这个梳理过程中，即使你没有融到钱，也不会吃亏，这也正是股权融资的本质。

➢时机原则：好风凭借力，送我上青云

遥想当年，刘邦若是没有在项羽的鸿门宴上借机偷溜，后来的大汉王朝便不会存在。楚汉争霸中的这场“鸿门宴”，为我们完美地展示了把握时机的重要性。同样，小公司在股权融资时，把握时机也是非常必要的。

我们都知道，在做一件事时，如果凑齐了“天时、地利、人和”三个

关键要素，成功的概率就会翻倍。对于小公司股权融资而言，所谓的“天时、地利、人和”的三剑合一，指的就是把握好最佳的股权融资时机。如果融资过早，公司的经营规模不大，市场占有率小，将造成资金的闲置；如果融资过晚，又容易造成投资机会的丧失，影响公司的整体发展战略。因此，小公司选择股权融资时机的过程，也是公司努力寻求与公司内部条件相适应的外部环境的过程，过早或过晚，都对融资不利。

把握最佳时机，这是小公司在股权融资时应当遵守的又一重要原则。一般来说，小公司可以从以下三个方面来考虑股权融资的最佳时机，如图 2－8 所示。

图 2－8　小公司把握股权融资时机的三个要素

1. 股权融资时公司要处于最好的状态

投资人之所以进行股权投资，主要看中的是盈利。对于小公司来说，如果你的公司尚处于初创阶段或者市场竞争激烈的初级阶段，还没有找到自己的核心竞争力，业绩也无法让投资人满意，你股权融资的好时机就还没有到来。此时，你需要再耐心地等一等，等到你的公司找到能够盈利的项目、综合竞争力在稳步提升、能够引起投资人的兴趣之时，你便“守得云开见明月”——等到了最好的股权融资时机。

2. 关注金融环境，果断决策

时刻关注国内外的各种利率、汇率等金融信息和金融环境对于小公司来说是十分必要的。小公司只有时刻关注这类信息，才能更全面、更快速地掌握经济发展的未来趋势，才能更好地做出股权融资决策。投资者投资无疑是为了获利，如果经济发展状况良好，有明显的上升趋势，大多数投资人都会为了分享经济发展带来的红利而选择合适的项目进行投资。此时，谁能够更快、更准地掌握并利用好信息，谁就能抢占融资先机。

除了及时关注金融信息外，小公司还应该具备果断决策的能力。这种能力能够帮助小公司在掌握了信息后，合理地分析和预测对融资有影响的各种有利或不利信息，以及未来可能出现的趋势，并迅速反应，果断决策，把握最佳股权融资时机。

3. 把握融资时机的关键

除了前面提到的两个方面外，公司的自身因素也对小公司把握最佳股权融资时机至关重要。我们都知道，公司的融资需求并不是孤立存在的，它是基于公司整体的发展战略的。小公司在选择股权融资时机时，还应该全面地看待公司自身的各项因素。具体来说，小公司应注意表2－4所示的四大因素。

表2－4　小公司把握股权融资时机的关键

自身因素	具体描述
团队是否有懂技术的成员	团队有个专注于产品、懂技术的成员，融资成功率就会提高，毕竟产品驱动企业发展
企业是否有客户	如果创业企业还没有稳定的客户，那么应该先将重点放在寻找客户上。客户是项目有市场的证明
是否有商业模式	让投资人直接看到项目所具有的前景，印象会更深刻，融资成功率也会更高

续表

自身因素	具体描述
用在融资上的时间	融资很耗时，一旦准备融资，就需要投入很多资源进去，同时还要做好长期奋战的准备

机会总是留给有准备的人，股权融资也是如此。如果小公司想要借助资本的力量完成做大做强公司的梦想，想要通过股权融资的渠道实现公司“高飞”的目标，就要有充分掌握最佳股权融资时机的能力，保证公司在最合适的时候登上股权融资的班机。

➢敬畏原则：远离“傻”的融资行为

所谓敬畏原则，就是小公司在进行股权融资时，要选择合适的阶段和合适的人。也就是说，公司在天使阶段，就找天使机构投，Pre－A 阶段就找 Pre－A 机构投，VC 阶段就找 VC 机构投，PE 阶段就找 PE 机构投，这样的融资方法既能保证小公司股权融资的顺畅进行，也代表着小公司对市场的尊重和敬畏。

有这样一个案例，一个小公司在股权融资时抛弃了对市场的敬畏，在 5000 万元估值的时候，就把 10 亿元的投资人拉进来了，结果这个投资人只投了 500 万元。这就是很“傻”的融资行为。

这种很“傻”的融资行为会带来什么后果呢？试想一下，如果一个公司在 5 万元阶段，融 A 轮、B 轮，就把一个 10 亿元、20 亿元阶段出手的 PE 机构拉进来，表面上看，这个公司好像是找到了 PE 机构来站台，它好像融到资了，实际却隐藏着巨大的风险。因为一旦 PE 机构在下一轮不投这个公司了，这个公司在市面上就很难融到钱了。我们都知道，资本市场看重信任度，特别容易跟风，当 PE 机构不投这个公司的时候，资本市场就会对这家公司产生怀疑，从而抛弃它。

遵循敬畏原则，远离“傻”的融资行为，在合适的阶段选择合适的投资人，是小公司在股权融资过程要遵循的又一原则。此外，小公司在股权融资的过程中还要理解人民币和美元的差异性。一般而言，人民币市场上市之前给的估值不高，但是上市之后给的估值高；而美元市场容易在早期阶段给高估值，但是在上市之后，估值会受很大的压力。

第二篇　融资有道

第3章

妙笔生花：

撰写让投资人眼前一亮的商业计划书

商业计划书犹如公司提交给投资人的一份融资素质答卷，它反映出公司对行业的理解程度，对市场的把握机会，对企业运作的掌控力度，对自身未来发展的战略规划，以及公司融资方案的设计实力等。投资人对企业的第一印象就来自于这家公司的商业计划书。现实很残酷，投资人是继续了解，还是一扔了之，机会往往只有一次。因此，撰写让投资人眼前一亮的商业计划书，牢牢吸引住投资人的眼球，显得尤为重要。

3.1
一份合格的商业计划书是什么样的

所谓“先有尔之，后有尔之天下。”在第一篇里，我们已经知道了融资及股权融资对小公司的价值、原则，并做了相应的准备工作。那么，在接下来的篇章里，才是股权融资真正的实操之旅。

小公司进行股权融资，首先要准备一份合格的商业计划书。商业计划书不仅仅在股权融资中起到“敲门砖”的作用，同时也能促使公司总结过去、规划未来。尤其是在如今这样一个“资本为大”的时代，很多投资人都会通过商业计划书来判断你的公司是否有投资价值。

于是，许多小公司绞尽脑汁想做一份“前无古人、后无来者”的商业计划书，希望让投资人眼前一亮，使融资水到渠成。可即便是马化腾这样的商界风云人物，当年为了打动投资人，也是呕心沥血、废寝忘食的写了200多页的商业计划书，最终得到了IDG的熊晓鸽和南非的MIH大额投资，才成就了今天的腾讯帝国。

对于小公司来说，商业计划书越精彩，融资成功的概率就越大。有一个较为客观的数据，有80%的公司提交的商业计划书，在投资人浏览的5分钟之内就被否决了。由此可见，商业计划书对小公司股权融资的重要性。如果你连商业计划书都不重视，那么即使你的项目再精彩，前景再广阔，也可能无法获得投资人的青睐。

在股权融资的过程中，无论如何强调商业计划书的作用都不为过。总的来说，商业计划书对于小公司成功股权融资有以下三个方面的作用，如图 3－1 所示。

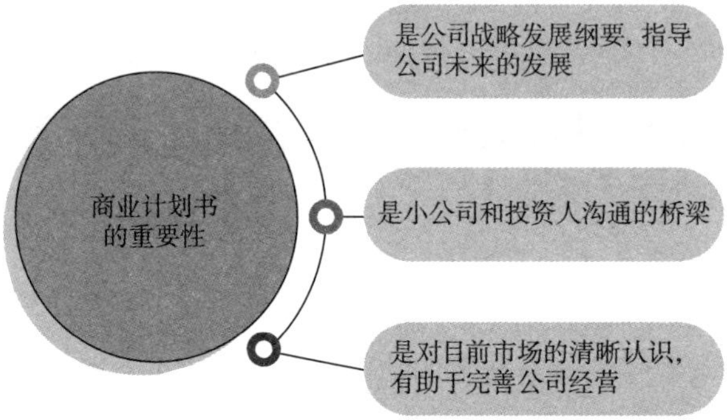

图 3－1　商业计划书对小公司股权融资的重要性

➢什么是商业计划书

既然商业计划书对于股权融资如此重要，那么，如果小公司连商业计划书是什么都不知道，或者在股权融资之前连一份合格的商业计划书都没有，岂不是太不专业了，也会被投资人视为落伍。想要拿出一份合格的商业计划书，首先就要弄清楚商业计划书到底是什么？

如果你觉得商业计划书就是做一份精致一点的 PPT，那你就大错特错了。商业计划书，简称 BP（Business Plan），从宏观上看，商业计划书可以理解为小公司的经营指南，指引小公司未来的发展方向。从内容上来看，商业计划书是小公司对自己的经营模式、公司类型、产品类型、宣传营销、财务状况等等做细致、详尽的阐述，要用最精简、最准确的语言表述出来。

通俗地讲，商业计划书是一份融资企业说明为什么要找钱，并假定有了钱之后如何将发现的商业机会付诸实施的全方位执行计划。

➢一份合格的商业计划书的主要内容及写作要点

小公司要想成功进行股权融资，先不说把商业计划书写得有多“吸睛”，但至少你的商业计划书要合格。在这个快节奏的时代，很多小公司的创始人都不愿花时间和精力写一份商业计划书，相反，他们更想面对面与投资人沟通。殊不知，投资人是一个非常繁忙的群体，如果你没有一份敲响他“心门”的合格的商业计划书，那么 98% 的投资人是不会跟你见面的。

那么，小公司要如何写出一份合格的商业计划书呢？通常来说，一份合格的商业计划书包括以下十个部分，如图 3－2 所示。

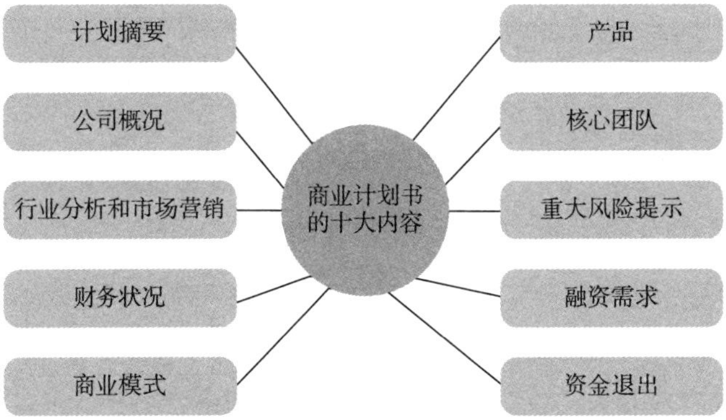

图 3－2　一份合格的商业计划书包含的十个内容

1. 计划摘要

计划摘要是商业计划书的开篇部分，是“龙头”，提纲挈领。在这个部分，小公司要对自身情况进行概括，也就是一个粗略的自我介绍，包括公司简介、主营产品、财务情况、营销方式、创始人介绍、未来发展规划等等。

可以说，一份商业计划书的“颜值”完全由计划摘要决定。“颜值”

高的商业计划书，计划摘要一定很精彩，逻辑清晰，言简意赅，让投资人有读下去的欲望。通常来说，计划摘要占据 1 ~2 页的篇幅即可。

千万不要小看这 1 ~2 页的篇幅，股权融资第一步的成败在此一举。撰写者一定要分清主次，根据公司的具体状况来写。比如，在创业初期公司的盈利模式、商业模式还不是很清晰，这一部分就可以只作简单介绍，但是你有一个实力强劲的团队，这一部分就可以着重介绍。

一般而言，计划摘要写作时要重点突出，这也是投资人最关心的内容，如图 3 –3 所示。

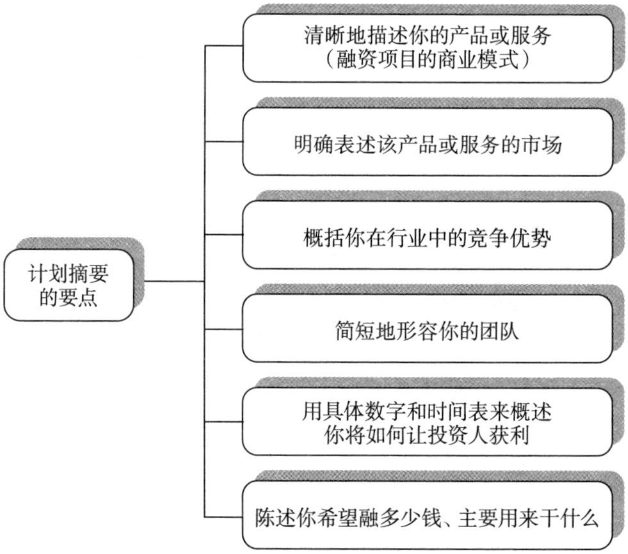

图 3 –3　计划摘要的写作要点

2. 公司概况

这一部分主要对公司进行介绍，包括公司名称、地址、公司性质、注册资本多少、创始人介绍、团队成员分工，等等。公司基本简介部分可以参照表 3 –1 来组织语言。

表 3-1　公司基本简介

基本信息	具体内容
公司注册地	
注册资本	
企业类型	
公司成立时间	
法定代表人	
主营产品或服务	
主营行业	
经营模式	
联系人	
电话	

有一点需要注意的是，在这一部分的撰写里，重点要对公司股东和控股结构进行说明。如果你在这一部分叙述得模棱两可，很难获得投资人的信任。把股权结构介绍清楚，可以提升自己的可信度，吸引更多投资人的关注，提高股权融资成功的概率。在公司简介之后，可以以表格形式阐述目前本公司的股权结构，如表 3-2 所示。

表 3-2　公司主要股东及控股结构

股东名称	出资额	出资形式	股份比例	联系人	联系电话

3. 行业分析和市场营销

这一部分主要是对公司所在行业的基本情况进行阐述，并且对本公司在行业中所处的地位进行分析。可以将自己和同类型公司进行对比，着重突出本公司的优势。

在作对比时，我们常用到SWOT优劣势分析法。该分析法主要用来介绍本公司在这个行业里有哪些优势，哪些不足；未来发展前景如何，会有哪些机遇，会面临哪些威胁。要让投资人充分相信你公司的实力足以对抗那些威胁。

市场营销部分主要对企业的发展目标是什么，以及为了达到该目标如何营销进行阐述。比如，开拓市场的方法、吸引目标客户群的方法等等。

市场营销策略应该包含以下几个内容：

（1）如何建立营销渠道和营销网。

（2）如何进行广告宣传和促销。

（3）如何构建营销机构和营销队伍。

（4）如何处理市场营销中的突发事件。

（5）如何制定价格策略。

4. 财务分析

财务分析是商业计划书的关键部分，这一部分主要是对公司的实际财务状况进行说明。比如，启动资金来源、资产负债情况、预期收入等等。投资人通过这一部分的阅读，对融资公司的经济状况有清晰的了解。

在撰写财务分析部分时，最好能寻求专业人士的帮助。因为在这一模块，要呈现出最真实的财务数据，不能造假。在现实中，很多小公司企图在这一部分夸大其词或者蒙混过关，最后都被资本拒之门外。

就融资额来说，很多小公司觉得越多越好，但是专业的投资人一眼就能看出来这个数据是否合理。并且投资额并非越大越好，如果造成资金过剩或者使用不当，公司还要承担一系列的后果，得不偿失。

因此，在财务分析模块，一定要实事求是、态度诚恳，得到投资人的信任。在文字上，尽量用通俗、精练的语言叙述，多用图表搭配阐述。涉及到数字的部分尤其要注意，比如，股权比例加起来是不是 100% 等。

商业计划书虽然是面对投资人的公开文件，但是也要注意商业机密的保护，尤其是财务部分，在投递一些比较小的投资机构时，可以把财务部分单提出来，并且注明“如需要详细财务资料，请致电索取。”

财务分析不仅难在财务报表的制作，前期财务工作的预测更复杂，具体有以下三个程序，如图 3－4 所示。

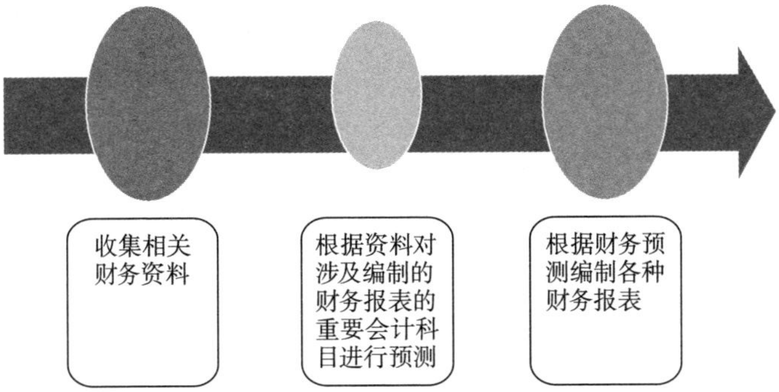

图 3－4　编制财务计划的流程

在进行财务预测时，一定要注意方法，投资人关心具体数字，更关心这些数字是否正确。商业计划书中的预测很有可能和投资人的预测有出入，这是正常的。但是切忌不能出现常识性错误和盲目乐观，谎报瞒报更不行。

在进行具体编制时，一定要以数据为基础，由专业人员负责。在编制财务报表和对财务状况进行说明时，这三份报表不能掉，即资产负债表、损益表、现金流量表。精明的投资人非常关心损益表中开发和营销的部分，现金流量表也是投资人着重研究的内容。

这三份报表应该按照正规的要求编制，方便投资人阅读。为了把财务状况表达得更详细，计划书中更应该有未来五年的财务状况编制，其中第一年最好按月编制，接下来四年可以根据季度或其他标准编制。

5. 商业模式

这一部分可以用2～3页的PPT阐述如何具体实现自己的商业模式。比如，产品如何研发、如何生产、如何营销，消费市场有多大等。

简单来说，这个部分就是介绍项目的实施过程，以及最后要达成的效果。在向投资人阐述产品市场有多大时，一定要用具体的数据来说明。有一些小公司提到自己的产品就陷入一种盲目的自恋中，觉得自己的产品一定很有市场，因此用华丽的辞藻，激情四射地进行阐述，其实对投资人并没有说服力。

在对这一部分进行撰写时，建议小公司站在消费者的立场上看问题，向投资人展示具体的市场调研数据。

6. 产品

在介绍公司产品时，要着重强调产品的价值。比如，产品能给消费者带来哪些好处？为什么你的产品比同类型产品更有竞争力？你的产品符合哪些消费者价值观？等等。用简练的语言加以直观的产品配图，效果会更好。

7. 核心团队

投资人在看一家公司是否值得投资时，是以“人”为本的，特别是核心管理层的人，这些人的个人能力直接关系到公司未来的发展。因此在商业计划书中，要对管理团队的状况进行细致地阐述。比如，管理理念、股权结构、合伙人股权结构、管理结构、董事会构成等，主要突出团队之间的凝聚力以及团队的能力，给投资人留下深刻的印象。

团队介绍可以从两个方面入手：一是核心管理层的介绍；二是团队主要成员的背景介绍。比如，哪位高管毕业于名校，在知名企业就职过，有多年从业经验等。

股权结构部分，应该如实反映情况，避免给将来的谈判造成不必要的麻烦。通常来说，大股东突出、创业合伙人持有股份、创业员工持有（或将持有）期权的股权结构更容易获得投资人的青睐。

图 3－5 所示为滴滴出行商业计划书的核心团队介绍板块。

“滴滴出行”投资亮点-优势互补、强大执行力的管理团队

程雄，联合CEO

- 2005年进入阿里巴巴从事销售工作，是当时阿里最年轻区域经理
- 2011年就任支付宝B20事业部副总经理
- 2012年创办滴滴打车，任创始人兼CEO
- 2015年任合并后的滴滴出行公司的联合CEO

吕传伟，联合CEO

- 原快的打车CEO，多年美国硅谷工作经验，任跨国公司高管
- “2014年中国互联网年度人物”候选人
- 2015年，出任合并后滴滴出行公司联合CEO

柳青，COO

- “中国IT教父”柳传志之女。北京大学计算机系本科，哈佛大学大学士
- 10年高盛投行部工作经历，2012年升为亚太区董事总经理，是高盛史上最年轻的董事总经理之一
- 2014年加入滴滴任首席运营官，2015年，出任合并后滴滴出行公司总裁
- 入选2015年《福布斯》亚洲商界权势女性的50位榜单，2015年值得关注的亚洲女性高管

图 3－5　滴滴出行商业计划书的核心团队部分

8. 重大风险提示

商业计划书中不仅要向投资人说明公司未来的发展前景，更要说明公司在发展过程中可能存在的风险，并且对自己的危机处理方式进行具体阐述，向投资人表明，自己有能力应对将来的危机，把投资人的风险降到最低。

9. 融资需求

简单来说，这一部分就是告诉投资人你要多少钱。理解起来简单，但具体阐述起来却不简单，这一部分要包括资金需求、稀释股份比例、资金使用规划等。

如果是出售普通股份，那么计划书中应该说明股票的类型，需不需要分红？分红能不能积累？股份能不能赎回？股份价格以及是否具有投票

权等。

如果是出售优先股，那么计划书中应该说明股权通过什么方式支付？有没有回购计划？能不能按照普通股转换以及优先股股东权利等。

10. 资金退出

如果投资效果不尽如人意，投资人会收回投资。就算投资效果好，投资人也不愿意长期拥有产权，也会撤出投资。因为资本是流动的，投资人要让资本循环起来才能让资本收益最大化。

如果当一家公司发展不够成熟，或者发展达不到预期情况时，投资人能把投入的资金由股权转化为资本，降低自己的财产风险，他们才会放心把钱投入到一家陌生的公司。因此，一个流畅的资金退出体制，也能为公司获得不少投资人的好感。

一般来说，投资人资金退出主要有以下几种方式，如图 3－6 所示。

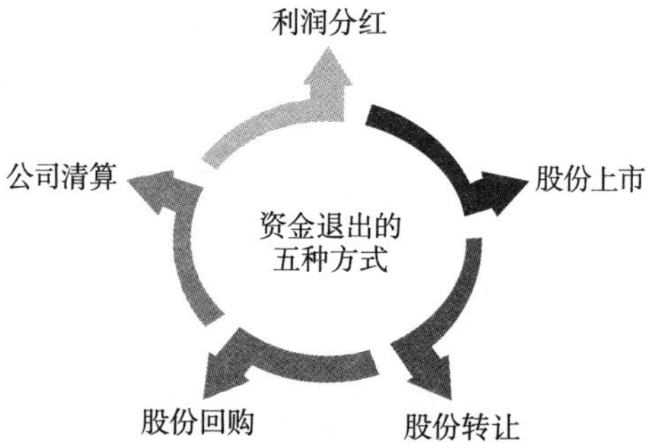

图 3－6　投资人资金退出的五种方式

商业计划书内容的完整性及写作的规范性，直接影响到投资人对项目的感性接受程度和理性判断过程。当然，由于公司性质类型上的不同，商业计划书的内容和写作格式肯定会存在一定的差异。但万变不离其宗，以上十个内容是一个典型的商业计划书的内容及写作要点，小公司可以根据自己公司的具体情况灵活运用。

3.2

你的BP那么“Low”，如何能拿到融资

2016年6月，滴滴出行在F轮融资中大获成功，共融得资金45亿美元，企业估值达600亿元。创始人程维在谈及融资成功的原因时说，除了独特的商业模式和运营模式，商业计划书也是其成功融资的关键。他提到，在前几轮的融资中，他花费了大量的精力去推敲商业计划书的内容，力争让自己的商业计划书能够打动投资人，从而敲开投资人的“财门”。

诚如程维所说，商业计划书在股权融资过程中至关重要，它是公司事业的指南针，是敲开投资人“心门”的敲门砖。小公司要想股权融资成功，就必须拥有一份完美的商业计划书。

关于撰写商业计划书的攻略，百度上可以搜出很多。可以说，商业计划书的撰写没有固定的标准，即便是最牛的商学院也不会说商业计划书该写多少字才算标准。在现实中，很多小公司为了让自己的商业计划书看起来更专业，选择外包给专业团队来撰写。这样的方法虽然也是可行的，但是因为外包团队没有与公司及产品项目同生共进的切身体会，怎么能写出有灵气的商业计划书呢？这样的商业计划书很容易让投资人识破，显得很“low”。

那么，怎样才能撰写出一份不“low”的商业计划书，成功吸引投资人呢？

➢写商业计划书的流程

熟悉写作流程是写出一份不“low”的商业计划书的根本。一般来说，商业计划书的写作流程分以下几个步骤进行，如图3－7所示。

图3－7　小公司撰写商业计划书的五个流程

1. 内容策划

小公司在撰写商业计划书之前可以先做一个思维导图。通常，当一个股权融资有了融资目标后，创始人的大脑里会有许多细节，这些细节在大脑里无法形成一个整体。此时，我们可以借助思维导图将每个“点”落到纸上，让大脑中的所有细节科学地罗列，理清项目思路。

思维导图应包括商业模式、解决方案、对手分析、市场容量、竞争优势等方面，详情如图3－8所示。

图3－8只是思维导图的一个粗略模型。在实际应用中，小公司还应该根据自己公司项目的实际情况去补充内容。在做思维导图时，建议大家最好用笔画出来，以便修改。此外，当思维导图分到三级之后，还要继续细

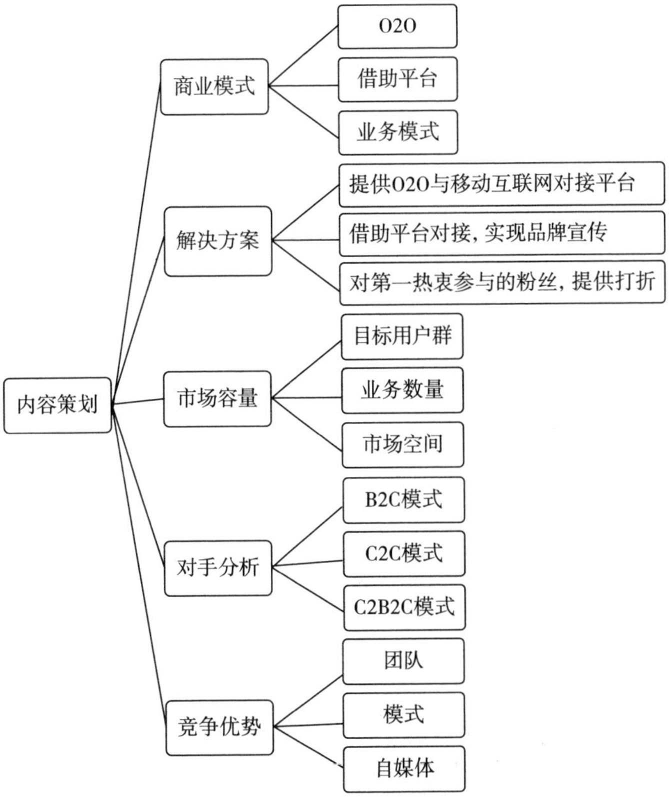

图 3-8　商业计划书的策划思维导图

分下去，例如，O2O 平台该如何搭建？借助平台又打算怎么做？业务抽成怎样计算？

2. 制作 PPT

一旦确定了思维导图，就可以着手 PPT 的制作了。很多小公司在 PPT 制作方面都缺乏经验。此时，为了达到最好的效果，可以在公司里寻找精通 PPT 制作的高手，请他们协助完成该项工作。

PPT 的制作，一般不建议使用大量文字，尽量多使用图、表、数据。与文字相比，图片和数据更能让人眼前一亮。在字号的选择上，PPT 制作宜使用大点儿的字号。一方面，字号大让人看得更清楚；另一方面，大号字更能凸显关键点，并有助于小公司围绕这个关键点进行阐述和解释。在实际的操作中，一般推荐使用30号字。

在篇幅的选择上，建议将PPT控制在5～10页左右（具体的内容分配如表3－3所示）。PPT页面一定要简单、可视，文字一定要精简，只展示谈话的要点和融资思路，而不是照本宣科，试图塞下所有的面谈内容。

表3－3　商业计划书制作PPT的顺序及页码

页码	PPT内容
1～2	计划摘要
3～4	公司概况
5～6	行业分析和市场营销
7～8	财务分析
9	商业模式
10～11	产品
12	核心团队
13	重大风险提示
14	融资需求
15	资金退出

3. 商业计划书的输出

商业计算书的输出就是在各个模块的内容都撰写完成后，进行统一和组合，并打印成册，提供给投资人参阅。在输出的过程中，小公司要确定商业计划书的完整性，并对各项数据进行集成；要保证各大模块的内容逻辑清晰，安排合理；还要确保商业计划书中的各项数据，尤其是财务数据的准确，必要时可以请有关部门的负责人进行详细地核实。

具体来说，可以从以下几个方面对商业计划书的内容进行审查：

（1）计划书是否有文法上的错误，是否能够被投资者领会。

（2）是否显示了你已进行过完整的市场分析。

（3）是否显示了你管理团队的优势。

（4）是否显示了公司股权融资后的盈利能力。

（5）是否能打消投资人对产品（服务）的疑虑。

（6）是否将计划中引人入胜的摘要内容放在了最前面。

（7）是否将参考资料作为附件放在了最后。

确定了商业计划书的内容后，还要认真进行校对，避免因为错别字而给投资人留下潦草敷衍的坏印象。最后，要编写目录和页码，并设计一个醒目的封面。以上步骤完成后，就可以打印、装订了。

4. 选择合适的演示主讲人

商业计划书撰写完成，装订成册后，小公司要确定一个演示的主讲人。一般来说，小公司的创始人是股权融资最佳的主讲人选。投资人也更愿意通过创始人在演讲中的表现来判断他所领导的公司是否值得投资。

当然，小公司在选择主讲人时还应结合具体的情况。例如，在对外融资、需要讲英语的情况下，如果创始人的英文不好，就应该在团队中另选一名英语娴熟的管理人员担当此任。

此外，除了确定好的主讲人外，融资方还应该配备几个备选主讲人，万一主讲人因特殊情况无法参加面谈，备选主讲人可以及时顶上。

5. 向投资人演示商业计划书

小公司在向投资人演示商业计划书时，要注意以下几个细节：

（1）开场简单明了。演示前的开场白是投资人了解公司的重要途径，一定要简单明了，直奔主题。

（2）过程分清主次。商业计划书的演示时间是有限的，一定要分清演示内容的主次。

（3）项目的核心特质和亮眼特质可以进行详细说明，多给投资人展示一些业务数据，如用户量、收入、订单等。

（4）举止自信。在演示商业计划书时，如果你充分展示出了自信，股权融资便成功了一半。当然，自信绝不是夸夸其谈，而是一种自然流露的气质，蕴含在言谈举止里。

➢写商业计划书的三大原则

小公司撰写商业计划书的过程，实际也是一个审视公司、分析优势、全面规划的过程，一份好的商业计划书除了能为公司融资铺路，还能帮助创始人更深入地了解公司。小公司在撰写商业计划书时，应遵循以下原则：

1. 亲历而为，勿用枪手

撰写商业计划书最好由小公司的创始人亲力亲为。一方面，公司创始人最清楚公司的产品、目标和竞争力，最知道自己要什么；另一方面，经过自己深思熟虑后撰写出来的商业计划书，更能被自己所熟悉，后期在面对投资者的提问时，能更好地应付。

有的创始人认为自己对财务数据分析等专业知识不在行，文采也不好，不如请专门的财务公司代写。其实不然。虽然，财务公司更懂一些专业知识，但没有公司运营的经验，还不足以胜任这个艰巨的任务。商业计划书最好还是由创始人自己来完成，如果确实需要财务指导，可以请财务顾问协助撰写。

2. 灵活操作，勿套用模板

很多小公司在撰写商业计划书时为图省事而直接套用模板。这种做法是不可取的。模板虽然能让商业计划书的格式更加规范，但它毕竟是死的，无法体现出融资项目的独特性。当你花费了大量精力将一份套用模板的商业计划书摆在投资者面前，“阅人无数”的投资人很可能一眼就能看穿你的生搬硬套。

再者，商业计划书应该根据公司的实际情况来安排展示内容的主次，该突出的地方浓墨重彩，不重要的地方一笔带过。而套用模板很可能会导致轻重不分，反而影响到项目的展示效果。

3. 逻辑清晰，勿过多使用专业词汇

商业计划书涉及的内容很多，撰写时一定要做到言简意赅、逻辑清晰，尽可能多用图表，少用文字，少用很大的图片。同时，要杜绝抄袭拼凑和胡乱应付，确保撰写内容的真实可靠。在页面的选择上尽可能简单朴素、不要花哨。

此外，在撰写商业计划书时还要避免过多使用专业词汇。因为商业计划书不是学术论文，它面对的可能是对项目有兴趣的非技术背景的投资人，过于专业化反而影响投资人对项目的理解。

总之，要想写出一份不“low”的商业计划书，成功拿到股权融资，你必须依靠以上这些方法，日积月累，坚持不懈，总有一天，这些琐碎的努力，会像涓涓细流汇聚为势不可挡的汹涌波涛，而且有的时候，成功的到来比你想像得要早。

下面是几条商业计划书的写作技巧，希望能够帮助到大家：

（1）商业计划书切不可盲目追求“高大上”，且整个计划书的颜色要统一，不可过于花哨。

（2）适当罗列运营数据，建议量级的角度。

（3）尽量不用很大的图片，使用的图片要清晰、美观。

（4）商业计划书撰写完成后，不要群发邮件给投资人，容易让投资人产生不被重视的感觉。

3.3 如何做一份在五分钟内打动投资人的 BP

前面说过，一份商业计划书，也许你花了 5 个月的时间来完成，可投资人 5 分钟就看完了，并且已经在心里决定要不要投资你的公司。如果你的商业计划书不能在 5 分钟之内吸引投资人的目光，那基本意味着你这次股权融资将以失败告终。

作为一个服务过数百个小公司的股权设计师，这几年，我曾见过形形色色的创始人。总体来看，创始人要么把商业计划书做得太简单，连基本的融资项目都没有说清楚；要么就是太注重形式，把商业计划书做得花里胡哨。很少有创始人站在投资人的角度思索商业计划书的写法和内在逻辑。

下面，我将从自身从业经历来讲一下小公司如何做一份在 5 分钟之内打动投资人的 BP。

➢投资人最看中商业计划书里的什么?

在审阅商业计划书的时候，有经验的投资人在 5 分钟内一般会按照图 3－9所示的顺序进行阅读。

这三部分的内容足够精彩的话，会给投资人留下深刻的印象，让他愿意花时间阅读商业计划书中其他的部分。也许你的项目运营计划写得非常

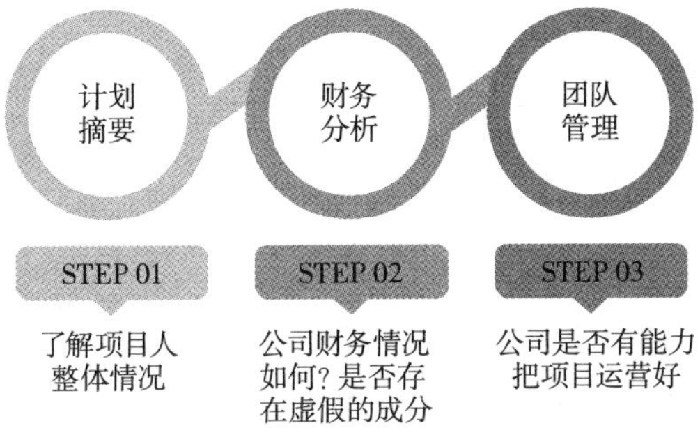

图 3 -9　投资人阅读 BP 的顺序

完美，但是如果你的计划摘要和财务状况没有吸引力的话，投资人也不会有多大的兴趣。

有的小公司创始人觉得财务分析只要把盈利的项目摆上去，而且越多越好，投资人一定会感兴趣。事实上恰恰相反，投资人看中的是公司未来赚钱的能力，以前赚得多，不代表将来也能赚得多。你应该告诉投资人你需要多少钱，然后在接下来的一定时间内你要做什么事，取得什么样的效果，获得什么样的收益，准备拿出多少股份换取融资等等。

在这里，我建议大家不要对融资额有过多的期待，脚踏实地，面对现实，提出一个保守的数字，才能让投资人觉得你是认真对待这个项目的。

另外，投资人非常看重一家公司的人才结构，因此在商业计划书中一定要对团队成员的背景、履历做认真详细地介绍。着重强调个人能力和岗位的契合度，团队凝聚力和相互配合有利于项目的推进。组建团队不是把人聚集到一起就行了，而是要让投资人看到你们明确的分工和股权分配，不要让投资人觉得你的公司是一个混乱的团队。

➢投资人最爱看的商业计划书的特点

想写出一份对投资人胃口的商业计划书，就要先了解投资人的习惯特点。

投资人最大的特点就是“忙”。很多投资人每天要看的商业计划书数以百计，和无数个创始人讨论投资项目，“时间就是金钱”可谓被投资人诠释得淋漓尽致。对于如此繁忙的投资人，他们最爱看的商业计划书是什么样的？其实答案已经呼之欲出——简洁明了。

很多小公司都觉得商业计划书的厚度代表了自己的诚意，恨不得把商业计划书写成一本书，显得自己有实力、有未来。事实上，投资人最爱看的是简洁明了的商业计划书。

所以，从现在开始，请摒弃原来写商业计划书的错误观念，用最简洁的语言把问题阐述清楚即可。

➢如何写出简洁明了的商业计划书

一份商业计划书要如何写，才能既简洁明了又能把问题说清楚呢？一份简洁明了、投资人爱看的商业计划书具备以下三大特点，如图 3－10 所示。

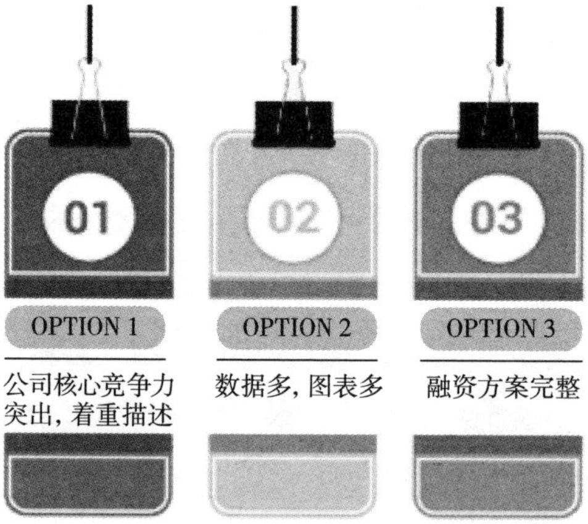

图 3－10　一份投资人最爱看的 BP 的三大特点

1. 公司核心竞争力突出，着重描述

对投资人来说，最好的说服力就是你的优势。和类似公司、类似项目相比，你有哪些优势？有哪些核心技术是你有而别人没有的？把这些“亮点”放在最醒目的地方，让投资人看到，这样才能提高融资成功的可能性。

在做项目介绍的时候，要把你最优势、最亮眼的地方展示给投资人，让对方看到你的价值。你的公司在行业内地位如何？你的经营模式是否符合当下的市场需求？你的团队配合够默契吗？核心成员是否有出色的履历？把最优秀的地方毫无保留地展现出来，使劲“嘚瑟”。

2. 数据多，图表多

写商业计划书不是著书立说，不用写得密密麻麻，投资者最喜欢的就是用图表和数据说话。图表一目了然，数据简单有说服力。比如，你要开发一个 APP，市场有多大？有多少用户注册？活跃用户又有多少？多长时间能盈利？能盈利多少？等等，用数据说话，投资人一看就懂。

因此，在撰写商业计划书时，小公司要用最简单粗暴的方法，让投资人看到自己的价值和未来的前景。如果有直线上涨的数据，就亮出来，这样有助于提高投资人对自己的好感度和信心，活跃谈话气氛。

3. 融资方案完整

融资方案是商业计划书里的核心部分，能不能拿到钱全靠它。小公司在描述融资方案时，可以用以下两个核心部分来描述，如图 3－11 所示。

（1）你预备稀释多少股份，换多少钱。

小公司在进行融资时，拿出的股权不要太多，20% 左右即可。为什么这么说呢？因为，现在资本帮助公司或者项目上市，在 IPO 审核前，还要经过好几轮融资，从种子到 F 轮，如果你每一轮都稀释 20% 的股权，就算你最初拥有 100% 的股权，到最后你手里也只剩不到 40% 了。你一手创办的公司可能会因为股权太分散而面临危机。

（2）钱到手了准备怎么花。

所有的投资人都很关心一个问题——钱拿到了，你准备怎么花？因

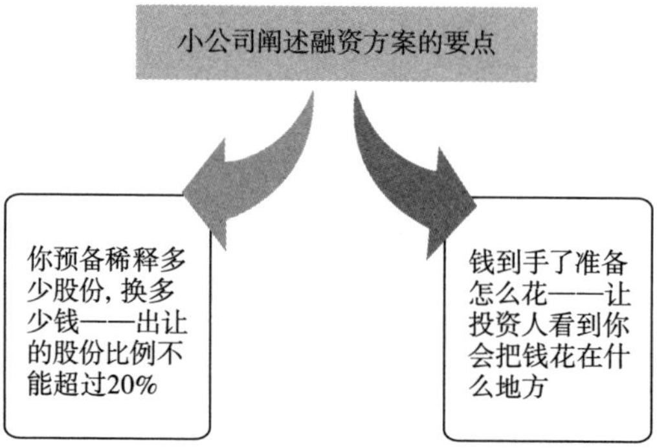

图 3－11　小公司阐释融资方案的要点

此，在融资方案板块，公司要合理分配资金，制定一个详细的资金使用计划书，让投资人看到你是在用钱做实事，推动公司的发展。

➢投资人不希望看到什么

有些小公司为了保证自己的公司信息安全，在计划书首页插入“保密协议”，签了才能看，这是投资人最反感的。投资人会认为这是对他专业性的极大侮辱，既然你不信任他，为什么还要找他投资，干脆就不看了，省得“惹祸上身”。这样一来你的融资也就“泡汤”了。

公司想要保护自己公司机密的想法无可厚非，但是在实际进行中，可以灵活一些。比如，公司财务报表、专利技术不用在计划书中阐述得那么详细。其实，投资人对你的专利技术并不感兴趣，他们只关心你有没有赚钱的能力。

事实上，即使投资人有剽窃你机密的想法，那么他签了计划书中的保密协议也无济于事，因为商业计划书并不是法律合同，不具备法律效力。

第4章

任性演讲：

四步帮你做一场完美的融资路演

“上台前一清二楚，上台后找不到北”的融资路演，肯定无法打动投资人。掌握一定的路演技巧，直面投资人，这样融资才靠谱。

4.1

认识路演：简单、直接、粗暴

几年前，知道“路演”这个词汇的人屈指可数，大多数人对此的理解还停留在“路边演出”“上市之前的圈钱手段”“销售演讲”这一层面。大家觉得“路演”只要说得口若悬河，台下的人掌声雷动就是成功。

其实，在几年前，我国就有很多面向企业家的演讲培训班。这些人学到一些演讲技巧，雕琢一篇精彩的演讲稿，多加练习就能成为演说家。但是“路演”不一样，除了要把演讲稿背得滚瓜烂熟，还要有灵活的现场反应、清晰的思路和冷静的头脑。演讲逻辑越清晰，路演就越容易被认可，反之，就会成为业内的笑话。

如今，中国企业想迈向辉煌，在世界商业舞台上有立足之地，就一定要多一些像马云、乔布斯那样，既是成功的企业家，又是优秀的路演者。

说了这么多，融资和路演有什么关系吗？有！

融资和路演是一个相辅相成的整体，小公司想要成功进行股权融资，路演环节是必须的。路演在融资过程中起到关键的作用。下面，我们就来了解一下，融资路演到底是什么？

➢什么是融资路演

所谓融资路演，简单来说就是把投资人都聚到一起，向他们介绍自己的公司、产品，博得关注，获得融资。

这么看来，融资路演其实是一件非常简单粗暴的事情。这里的“粗暴”并没有贬义的意思，而是说这样的方式很直接，节省了投资方和小公司的不少时间。如今是一个大力推行“断舍离”的时代，连生活都走简约路线了，融资这么目的明确的事情，就不要兜圈子了，这也符合互联网时代简单、直接、粗暴的商业精神。

为什么小公司在进行融资路演时要表现得“粗暴”一点呢？因为投资人的关注点也很简单粗暴。通常来说，投资人会关心以下三个方面，如图4－1所示，虽然简单，但却是小公司融资是否成功的命门。

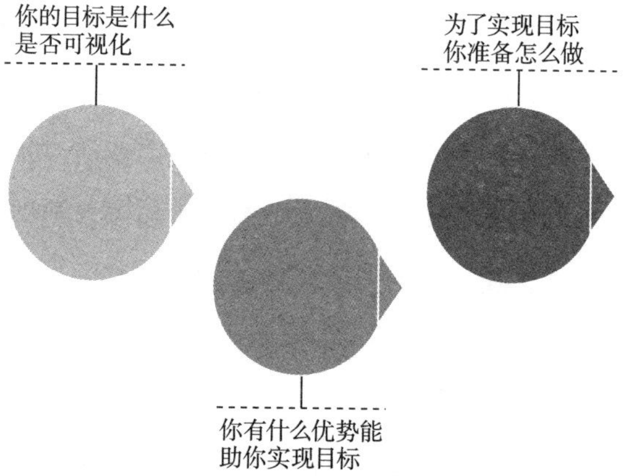

图4－1　投资人关注的三个方面

融资路演就是这么一个直接了当的过程，只要掌握其中窍门，定可以助你一臂之力，让融资之梦不再遥远。

➢融资路演的类型

融资路演有很多种形式，比如业绩说明会、股东大会、新三板路演、行业峰会、IPO路演等等。这些形式总结起来可分为以下三类，即现场展示型路演、参观型路演和活动型路演，如图4－2所示。下面分别向大家讲解这三类路演的概念。

图 4－2　股权融资路演三种类型

1. 现场展示型路演

现场展示型路演就是让投资人和小公司面对面交流，这样不仅能够提高效率，而且也很容易成功。小公司想进行现场展示型路演必须具备以下三个特点：

（1）针对性要强。由于是和投资人面对面对接，所以现场展示型路演具备很强的针对性。小公司要用最短的时间做出最精准的阐述，让公司的优势、产品的竞争力一目了然。小公司可以选择 PPT、影像工具等配合现场展示，效果更好。

（2）路演系统要完善，路演线路要科学。大部分情况下，股权融资路演不可能只有一场，基本上会进行很多次，一个非常完善的路演线路图和路演系统会让融资进行得更有条理，不会手忙脚乱。

（3）有好平台做背书。如果没有一个可靠、有实力的平台做后盾，小公司股权融资路演很容易出现纰漏。有了平台支持等于有了保险，借助平台的名气还能吸引更多感兴趣的投资人。

一般来说，现场展示型路演有以下三个步骤，如图 4－3 所示。

业内有这样一句话，“有价值的路演，才是融资界宠儿。”对小公司来说，路演不仅仅是展示，还要寻找。找什么？找价值，找投资人给你投资的理由。如果参加路演的投资人在你身上看不到任何价值，那么很遗憾地

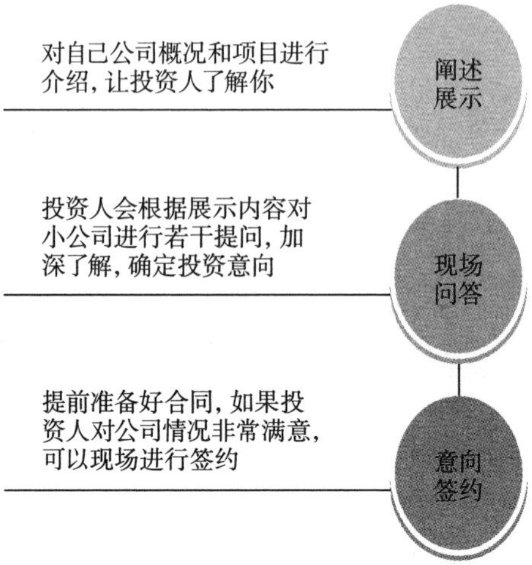

图4－3　现场展示型路演的三个环节

告诉你，你这次股权融资必定会失败。

2. 参观型路演

参观型路演，顾名思义就是邀请投资人到公司来参观，边参观、边讲解。这样，投资人不仅对公司有一个立体深入的认识，提升投资人的好感度，还能聚沙成塔，这是最佳的股权路演选择。但是，参观型路演不是你想进行就能进行的，选择参观型路演方式的公司必须具备以下两个特征：

（1）能够引领行业创新，做行业的领路人。也就是说，你的公司具备别人没有的，可以学习借鉴的品质。

（2）具备领袖特质。俗话说，庙小容不下大佛，你的公司要在行业内有一定的声望和地位，这样投资人才有兴趣去参观。

下面来看看黑钻石路演的案例：

黑钻石影像机构由马强先生于2010年创立，致力于制作高端企业路演工具系统。公司成立至今，每年都会进行十次以上的路演，平均每个月都有一次。

黑钻石在进行参观路演之前，都会对公司上上下下进行一次大扫除，对路演流程不断彩排，当投资人陆续到达公司时会受到热烈的欢迎，从而给投资人留下良好而深刻的第一印象。黑钻石不仅注重产品的展示，也注重企业文化的宣传，企业文化是一个公司的灵魂。

黑钻石会事先给各个投资人发邀请函，由于黑钻石在业内有一定的影响力，大家都很认可这家公司的实力，因此投资人的到场率很高。这些人不仅仅是去参观公司，也是对行业先进技术和创新能力的学习和了解。

由于黑钻石本身主营业务就和企业路演有关，因此，现场展示路演对他们来说轻而易举。在进行路演时，他们会设计一条完美的路演线路图，加上自己的人脉支持，有不少路演平台都给黑钻石提供了帮助。

3. 活动型路演

活动型路演就是通过举办派对、沙龙、聚会等方式来吸引投资人。这种方式对小公司来说比较劳民伤财，投资回报慢，但是一旦获得收益将会非常可观。

想要进行活动型路演，小公司必须满足以下三个条件。

（1）分享能力。就是说，公司只有把自己的优势分享出去，才会扩大自己的影响力，吸引投资人的注意。

（2）分享精神。光有分享能力还不够，还要有分享精神，公司要有主动分享的意识，投资人才会信任你、认可你、投资你。

（3）教育能力。是指公司的企业文化能在多次路演交流后，对投资人产生潜移默化的影响，拉近自己与投资人的关系。

➢通往成功股权融资路演的三个阶梯

股权融资路演不像拍电影那般，在品质参差不齐中掺杂“玩票”性质，往往“雷声大，雨点小”，只是披上了“看上去很美”的华丽外衣。

小公司想通过路演的方式俘获投资人的芳心，没有实力是很难成功的。既然如此，那么一次成功的路演应该如何实现呢？跟着如图4－4所示的三步阶梯走，你将事半功倍。

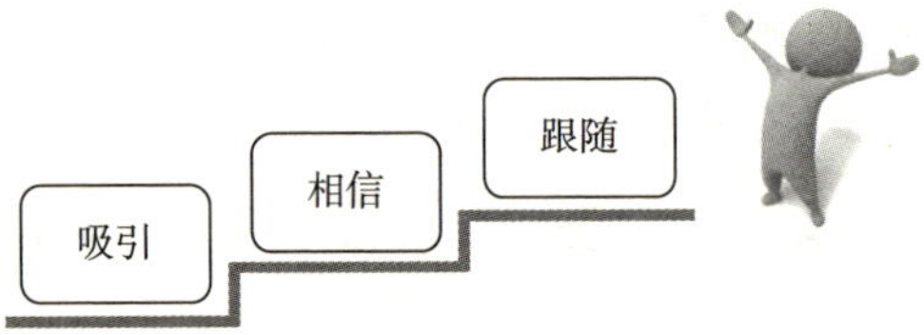

图4－4　通往成功路演的三个阶梯

以上三步，通俗地说，就是你要把投资人的关注点全部吸引过来，进而对你产生信任感，最终认可你，决定投资你。举个简单的例子：

第一次路演时，你要让投资人对你产生兴趣，觉得你的公司、你的项目都很不错，很有前景，从而对下一次路演产生期待。

第二次路演时，你要让投资人觉得他的想法是正确的，你有被投资的价值，进而更加坚定投资人的心意。

第三次路演时，你要让投资人觉得机不可失，时不再来，你就是他要找的好项目，达成融资目标。

这就是“融资路演三步走”。成功的路演，不一定是一锤子买卖，说成就成的，而是一个循序渐进的过程，一步步走进投资人的心里。想要抓住投资人的钱，先要抓住投资人的心。

4.2

修炼准备：路演前准备好，避免“事后诸葛亮”

你也许会产生疑惑，融资路演还需要准备？我对自己的公司这么了解，还有什么好准备的？只要给我一个机会，我就是下一个马云、乔布斯。但是现实太残酷了，没有经过准备的路演，必定会乱成一锅粥，融资者出现时间拖沓、抓不住重点的问题也是常有的事。这样混乱的路演，可以拿到融资吗？答案显而易见。

所以，股权融资路演前的准备功课一定要做足，避免在融资路演后出现“如果我当时怎么样，现在就能怎么样”这样“事后诸葛亮”的情况。

这一节，我们就来看看在获得宝贵的路演机会后，该如何为融资路演做准备。

➢需要一份路演台本

一些人觉得，我对自己要讲什么了然于心，完全没有写的必要。其实并非如此，实际路演和想象是有很大区别的，不是所有企业家都叫乔布斯。

另外，股权融资路演对时间也有要求，短的几分钟就结束了，长的可以几个小时。小公司要根据不同场合，不同的投资人，把握好时长，突出重点。

1. 根据路演情况打好演讲草稿

通常来说，股权融资路演的演讲稿分为以下两个部分。

（1）介绍项目。在介绍项目的时候尽量用简洁的话语一语中的，我有一个“三句走”的方法值得小公司一试。

第一句：介绍项目是什么。

第二句：阐述项目的市场情况。

第三句：介绍项目前景。

（2）展示项目。在展示项目时，要紧紧围绕项目，阐明项目自己具备的优势。比如，专利技术、精英团队等等，然后提出融资需求。

2. 把写好的内容进行整理，把重点标出来

把演讲稿的逻辑关系梳理清楚，核实数据有无出入，演讲内容有没有前后矛盾的地方。优化演讲稿，语言上言简意赅，不要长篇大论，口若悬河。把要着重阐述的内容做上记号，多演练，做到心里有数，切忌临时抱佛脚。

➢准备好回答投资人的问题

在股权融资路演开始之前，小公司路演者会进行一次甚至多次路演彩排，也就是说，你要把那些可能在路演中出现的突发状况，投资人的意外提问，提前做好准备，以便应对。

在所有的准备中，最重要的是让投资人知道为什么要给你投资？优秀的项目那么多，你的优势在哪里？这是大多数投资人最关心的问题。

通过我多年的融资经验，在股权融资路演中，投资人一般会问以下三个问题，如图 4 – 5 所示。

针对这三个问题，你应该先给路演起一个能被人迅速记住的大标题，并且在回答投资人提问时遵循这三个原则：一是答案要有唯一性或者第一

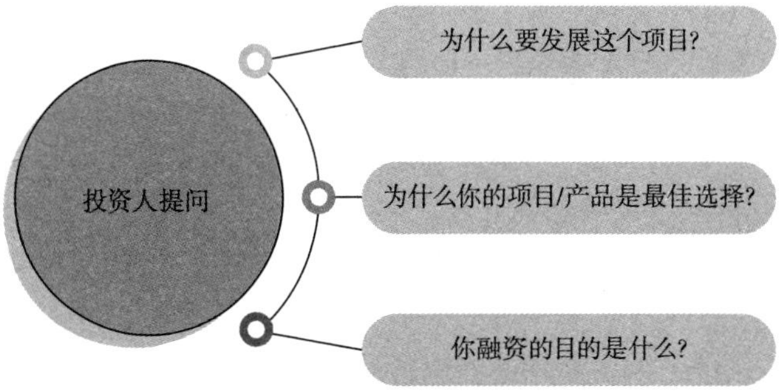

图4－5　股权融资路演中投资人常问的三个问题

性；二是在路演时要紧紧围绕大标题（主题）展开；三是答案要有条理，最好分为3～4个重点分别阐述。

下面，我们来看看这三个问题具体要如何回答。

1. 为什么要发展这个项目

在回答这一问题时，小公司要向投资人介绍清楚自己的项目是什么？属于哪个行业？目前在行业内属于什么地位？项目产出的产品能为消费者提供什么？以上这些问题看起来简单，但经常有人被难住。

比如一个关于齿轮的项目。路演一开始，投资人问到价格问题时，融资者是这样说的："我觉得目前市场上，国外同类产品的价格虚高。"

这位融资者并没有正面回答问题，只说别人价格虚高，没有对自己的产品展开阐述，告诉投资人为什么要投资自己，不投其他公司。融资者想通过对比展现自己的优势，这无可厚非，但是这个答案并不是投资人想要的。

实际上，投资人在确定投资意向之前，最想了解你的项目到底是什么。因此，针对这位投资人的问题，融资者可以这样回答："我们是致力于齿轮研发的××公司，在说价格之前，请让我为您介绍为什么我们的产品是用户的最佳选择。"

这么简单明了的回答，比通过贬低他人来抬高自己要好得多。在回答这种问题时，小公司可以通过简单的回答，逐渐阐明自己的优势。比如，利用现有的优势扩大市场，然后以优势推动公司的可持续发展，最后让公司登上更高的台阶。

2. 为什么你的项目/产品是最佳选择

每一位小公司的路演者都对自己的项目充满信心，是投资的最佳选择。但是，投资人却不这么认为。失败的原因各种各样，可能是项目本身还有漏洞，也可能是因为小公司路演者自信过头，给投资人留下了“忽悠”的印象，在提问环节出现了纰漏。

当投资人问你，为什么你的项目是最佳选择？言下之意就是要你告诉他：为什么要投资你？投资你能给他带来什么好处？

为什么你的项目是最佳选择，实际上是投资人在考察小公司项目的创意。投资人都很喜欢那些具有颠覆性的、突破传统的创意。但是创意是看不见摸不着的，因此，光有创意还不够，还要掌握一些回答技巧。

当你在回答投资人此类问题时，你可以这样做：

（1）就算被质疑，也要保持良好的态度。

小公司路演者要记住，你的态度在投资人心里占的比重是很大的，回答问题不仅要掌握技巧，还要尊重投资人。在实际的路演中，常常会出现路演者和投资人发生“争执”，大部分是因为投资人对项目产生了质疑，而路演者“母性爆发”，急于保护自己的项目而发起反攻。

与其说投资人是在看项目，不如说是在看人。如果一个路演者有良好的素养和高情商，那么项目也不会差到哪里去。因此，对股权融资路演者来说，态度决定一切。

（2）感情和节奏一样重要。

除了要保持良好的态度和高超的回答技巧，还要注意路演的节奏感和激情。我国不乏以“激情与节奏”出名的企业家，比如韩后的创始人王国安先生。但并不是所有的企业家都是优秀的路演者，大多数人往往做到了激情，但却没有节奏；有的人注意了节奏，却让人昏昏欲睡，都没有取得良好的效果。因此，小公司路演者在进行路演时，一定要注意激情与节奏，两手都要抓，两手都要硬。

3. 你融资的目的是什么

在回答投资人这一问题时，你需要提供关于与融资数额相关的数据和方案来支撑自己能够拿到这些钱，并且让投资人知道你拿到这些钱的目的何在。

关于股权融资路演需要准备的东西还有很多，以上几点是较为重要的。如果想减少股权融资路演时的失误率，就必须事先充分把握路演全程所有可能发生的事情和细节，做好股权融资路演准备。

4.3

精妙策划：四小时内设计一场覆盖千人的融资路演

在投资人的经验法则里，他们所做的100笔投资中，大概只有10笔能获得成功。如果把上面这个经验法则应用在股权融资路演里，也就是说，当投资人看过100场路演，他们只会对其中10家进行投资。尽管成功的几率非常小，但只要策划得好，或许能让你“赢得回头率”而成功融资。

成立于1988年的用友是一家集企业管理软件、企业互联网服务和企业金融服务的小公司。2016年，用友以互联网路演的方式展示了旗下最具代表性的十款产品。用友的这场路演在业界获得了无数好评，并吸引到了很多投资人的关注。

路演结束后，用友公司成功获得了1000万元的股权融资。用友公司创始人在谈到股权融资的技巧时，特别指出此次他们花了四小时策划出来的一场覆盖千人的融资路演。

用友的这场股权融资路演，也正是我们可以借鉴的路演范本。那么，我们应该如何像用友公司一样设计一场覆盖千人的融资路演呢？

➢开局逻辑：找对目标才能击中靶心

身处当下的浮躁社会，我们常常会忽略人生的本质和做一件事的目标，从而盲目地去追逐。虽然目前在国内各大城市都活跃着形式多样的融资路演活动，但很多路演者都是在走上舞台的那一瞬间才明白路演的目的。

正如没有目标的射击难以击中靶心那样，没有目标的路演也很难打动投资人的心。

如图 4－6 所示，一场股权融资路演活动会有许多投资人，你的融资路演要锁住的并不是在场所有的投资人，而是专属于你的目标投资人。找对目标才能击中靶心，迅速找到你的目标投资人十分重要。

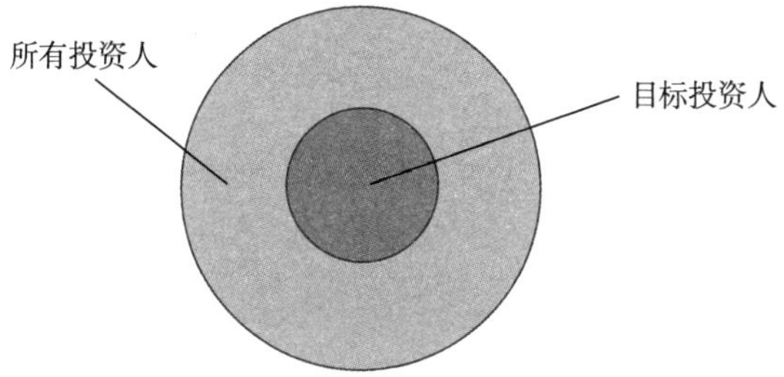

图 4－6　找到你的目标投资人

确定目标投资人是股权融资路演策划的第一步。目标投资人就像衣服上的纽扣，一粒错，粒粒皆错。绝大多数的股权路演策划都忽略了这个步骤，路演者在路演中不知道自己的听众是谁，只是站在自我的角度想怎么表达就怎么表达。

正确的开局逻辑既不是舌灿莲花的开场白，也不是急着大肆宣扬自己的项目，而是找到你的目标投资人。

找到目标投资人的方法有很多，我们可以按照表 4－1 中的具体要素来分析到底谁才是你的目标投资人。

表 4－1　判定“TA”是不是你目标投资人的几个要素

职位	你的路演对象是否具备决策力以及决策力的大小，都将对你股权融资路演的成败起着决定性的影响。判断目标投资人有无决策力最简单的方式就是职位判断

续表

背景	了解背景的关键在于能够站在投资人的角度讲他听得懂的话。比如，对方是一个学历不高但具有超高投资天赋的风险投资人，甚至一句英语也听不懂。如果你不事先了解，路演中你时不时蹦出两句英语，他听不懂又不好意思在大庭广众之下发问。那么，你也必定不能获得他的青睐
偏好	你的目标投资人有什么偏好？如果你能在路演之前做足功课，正式路演时在路演对象不知不觉的情况下满足他的部分偏好，必定会为你的融资路演加分
阅历	融资并非是路演的唯一目的，“融智”同样重要，一些阅历不够的投资人，即使资金丰厚也未必是你的最佳选择

➢布局逻辑：投入理性

赢得了良好的开局，接下来还要有合理的布局。

趋利避害是人类的共性，如果你的路演布局不能让你的投资人（听众）觉得有利可图，或者是有价值的，你的融资路演即便再“繁花似锦”也将毫无作用。让投资人觉得自己能得到“好处”的前提是：暂时放下汹涌澎湃的激情，冷静下来，合理布局。

下面几个步骤可以作为“股权融资路演布局专用模板”，如表 4－2 所示，根据模板设计你的融资路演布局。

表 4－2　小公司股权融资布局专用模板

<table>
<tr><th>结构</th><th>核心观点/内容</th><th>支撑观点的素材</th><th>分析</th><th>数据</th></tr>
<tr><td>核心关键句</td><td colspan="4"></td></tr>
<tr><td>开头</td><td colspan="4"></td></tr>
<tr><td rowspan="6">大纲（重点）</td><td rowspan="3">第一</td><td></td><td></td><td></td></tr>
<tr><td></td><td></td><td></td></tr>
<tr><td></td><td></td><td></td></tr>
<tr><td rowspan="3">第二</td><td></td><td></td><td></td></tr>
<tr><td></td><td></td><td></td></tr>
<tr><td></td><td></td><td></td></tr>
</table>

续表

结构	核心观点/内容	支撑观点的素材	分析	数据
大纲（重点）	第三			
	第四			
结尾				

第一步：确定股权融资路演的核心（关键句）。

确定股权融资路演所要表达的核心。股权融资路演的核心必须要围绕投资人最关心的内容来建立，例如，将会给投资人带来什么好处。用一句精炼的话来概括并链接路演就是融资路演的关键句。在股权融资路演开始之前，要确定好路演的关键句，填入表中。

第二步：确定大纲（列出几个主要观点）。

股权融资路演的观点是用来支撑路演核心的，它可以通过大纲的形式呈现。你可以将已确定好的路演观点分类罗列，依次填入表中，再合理地运用你的股权融资路演观点有针对性地进行布局。

第三步：确定素材（用来支撑你的观点）。

素材是用来支撑股权融资路演观点的。当你把自己的观点确定好后，还需要运用足够多的、站得住脚的素材去支撑观点，在表格中填入素材/分析/数据，并确定使用素材的逻辑（时间逻辑/收益逻辑等）。

第四步：布局设计（构思精彩的开头和结尾）。

最后一步是设计精彩的开头和结尾，并填入表格。

➢呈现逻辑：不是越复杂就越高大上

简单的事情往往比复杂的事情更令人愉悦。行为学的研究早已表明“人性本懒”，人并非是天生勤劳的，没有人生来就愿意辛辛苦苦花大力气去做事。

有这样一个故事：

秀才去买柴，他对卖柴的人说：“荷薪者过来!”卖柴的人听不懂“荷薪者”三个字，但是懂了“过来”两个字，于是把柴挑到秀才前面。

秀才又问他“其价如何?”卖柴的人还是没听懂，但是听懂了“价”这个字，于是就告诉秀才价钱。

秀才接着说，“外实而内虚，烟多而焰少，请损之。”秀才想表达的意思是：卖柴人的木材外表是干的，里头却是湿的，燃烧起来，肯定浓烟多而火焰小，希望价格能便宜点。但这一次，卖柴的人实在是猜不出秀才的意思，只好挑着柴走了。

如果把这个故事套用到股权融资路演中，我们将看到，路演者（秀才）由于“水平过高”没能达成自己的意愿，投资人（卖柴的人）由于“水平太低”听不懂路演者的需求，双方互相需求的项目“流产”。

所以，股权融资路演必须化繁为简，必须要让投资人即听即懂，无需思考。如果小公司无法简单地将事情说清楚，这就说明你自己还没有完全弄清自己公司的情况，还需在这件事上多下功夫。

那么，小公司该如何将复杂的融资路演最简单、直接地呈现给投资人呢？以下几个细节需要注意。

1. 简单概括

相比滔滔不绝将融资路演进行一整天的人，在短时间内能做出精彩路演的人更值得学习。谷歌的高层管理诶利特·斯密特对他的员工有一个苛刻的要求，那就是当他们在汇报工作时，无论内容和情况多么复杂，都必须在60个单词范围内表述清楚，因为短小精炼的概括和总结，更能体现一个人的能力。

2. 把握关键句，紧扣听众心

无论多么复杂的内容，都有其固定的核心，股权融资路演时找准关键句，十分必要。关键句应该简单而极富煽动性，而造成煽动性的内因取决于投资人的利益。

关于关键句的正确运用，奥巴马给我们做出了很好的示范。当年奥巴马在竞选美国总统时，曾说过这样一段鼓舞人心的话：

“前方的道路很漫长，我们将步履维艰。我们也许无法在一年内，甚至是（我的）一个任期内，达成我们的目标。但是，今晚，我比任何时候都对此更有信心。我承诺，我们所有人将作为一个整体顺利地到达目的地。”

当时，美国的社会氛围不容乐观，美国民众正处于对事业、对经济、对国家缺乏信心的迷茫阶段，这段振奋人心的演讲，无疑为美国民众注入了强大的自信源泉。

奥巴马演讲中所提到的信心究竟源于什么呢？如果他的演讲仅止于此，他所提到的信心也许只是他个人的信心，根本无法带给美国人民正真的希望。真正有效地鼓励美国民众、带给他们希望和勇气的，是奥巴马演讲中的那句关键句：“Yes，we can!”——是的，我们可以！是的，我们能做到！

“Yes，we can!”，作为关键句，它贯穿着奥巴马演讲的始终，也是奥巴马竞选成功的关键所在。

关键句的重要性，同样适用于股权融资路演。可以说，谁在股权融资路演中把握了关键句，谁就能“点石成金”、紧扣投资人的心弦。

3. 一句话能说清楚，就不要用两句话

“一句话路演法”是一种非常流行的路演方法，它比过去长篇累牍的路演形式，更能考验小公司创始人缜密思考、归纳重点的能力。

比较典型的“一句话路演”案例，是浙江省金华市第十三届人大代表会的党代表预备人选竞聘中，所有竞聘者都按要求，用一句话介绍了自己。这其中有几位人士的一句话竞聘词非常具代表性，令人印象深刻，如表4－3所示。

表4－3　一句话路演典型示例

人物代表	职位	一句话竞聘
吴建中	中泰控股集团董事长	在自主品牌汽车领域，作为有着30多年党龄、10年军龄的老党员、老战士，我将努力担负起自己的神圣使命，把众泰汽车做大做强
包淳靓	浙江通济交通运输有限公司的轮胎翻修工	任劳任怨干好轮胎修理，努力做好车辆维修服务工作
李曙光	金华市中心医院的肿瘤科主任	作为一名肿瘤医生，竭尽全力去挽救肿瘤病人的生命，给他们以生的希望，是我毕生的追求

以上三点便是在四小时内设计一场覆盖千人的股权融资路演的关键要素。而你现在需要做的就是：仔细阅读本书，即刻做出改变。

小公司在进行股权融资路演时，可能要同时面对几个、几十个甚至上百个投资人。小公司要想让自己的路演精彩纷呈，就应该在路演时引导投资人参与其中，形成台上台下互动，上下呼应的场面，而不是小公司路演者自己在台上自说自话，造成冷场。

一场高潮迭起、让投资人无法拒绝的股权融资路演可以从以下几方面着手。

➤从故事开始：一个动听的故事大于一千万

马云的创业故事之所以被创业者膜拜，安妮的一则漫画之所以能给APP带来几百万的下载量，雷军的一篇演讲之所以能疯传朋友圈，皆因为他们懂得讲故事。

股权融资路演的本质就是向投资人讲故事的过程，故事的好坏直接关系着股权融资的成败。2017年5月，国内知名儿童内容品牌“凯叔讲故事”在股权融资路演时正是利用了讲故事的技巧，才获得了新东方、挚信资本、浙数文化、艾瑞资本的9000万元投资。

所以，小公司千万不要忽视讲故事的强大力量，在路演时，应该像凯叔一样，努力用故事去“撩拨”投资人的心，要知道一个动听的故事大于一千万。

那么，小公司在股权融资路演时应该给投资人讲什么样的故事，又该如何讲呢？

1. 团队故事：让投资人信任团队

任何一个成功的公司都离不开一支“内功深厚”的团队的支持。团队建设的好坏，直接决定着公司是否具有强大的凝聚力和战斗力，关系着公司的后续发展。很多投资人都深信：“先有人才，后有钱财”。比起业绩报告，他们更看中公司的团队。因此，小公司在进行融资路演时，第一个必须要选择的故事就是团队故事，用团队的凝聚力、专业性和高能力去打动投资人。

在这一点上，新媒诚品公司就做出了很好的示范。在进行股票发行路演时，新媒诚品充分展示出了团队“一线导演和顶级编剧团队资源、展现一线明星团队资源、展现团队强大的影视作品发行能力以及展现团队成功的数据”的四大优势，成功斩获了投资人的“芳心”。

那么，小公司如何在融资路演里向投资人讲一个动听而又吸引投资人的团队故事呢？以下三个要点值得小公司一试，如图4－7所示。

图4－7　小公司融资路演时讲好团队故事的要点

2. 人情味故事：以情动人

情感是刺激投资人理智的最好途径，当小公司在向投资人讲故事时，要打好“感情牌”，选择一个充满“人情味”的故事，以情动人。小公司可以向投资人讲述的人情味的故事有很多，比如，公司的起源史、公司创始的故事、产品的研发故事等，只要是可以引发投资人共鸣的故事，小公司都可以讲。

当然，“人情味的故事”着重于“感人”，它离不开小公司匠心独运的情节编排和高潮设计。当小公司在讲述“人情味的故事”时，可以借鉴以下几个技巧，如图 4－8 所示。

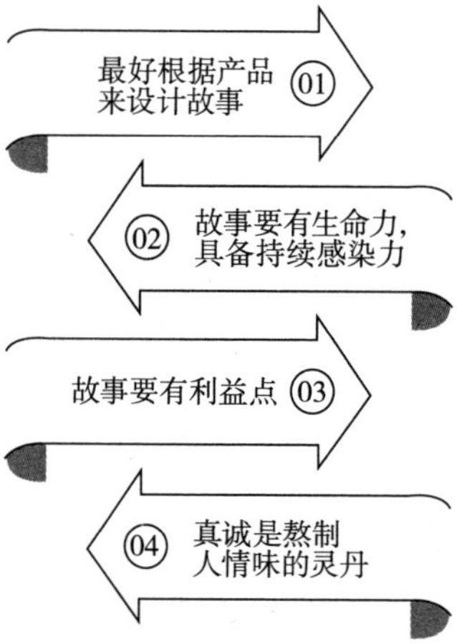

图 4－8　融资路演讲人情味故事的四大要点

3. 描绘项目实现的未来场景故事：让投资人看到盈利希望

发展目标是公司成长的指路明灯，它是每个公司的必需品，关乎着公司是否能够获得投资人的投资、是否可以长期发展。在故事中对项目实现的未来场景加以描述，比如，它将达到什么样的程度、具体是如何实行的、项目是否有可行性等，也是小公司在融资路演的故事中可以选择的内容。

需要注意的是，小公司在讲述项目未来实现场景的故事时，必须谨记以下两大要点，如图 4 –9 所示。

图 4 –9　小公司描述项目未来实现场景的故事的两大要点

➢让现场更有气氛、有影响力

路演界流传着这样一句话，“70% 的人怕死，而 90% 的人怕上台路演。”这说明路演绝非易事，它考验的是路演者对路演现场的驾驭能力。一场有创意、有气氛、有影响力的股权融资路演往往是需要精心编排的。

1. 寻找最佳结构，引爆现场气氛

结构就是你为了带动现场气氛而设定的步骤。这种设定没有标准的模板，需要小公司路演者根据公司的实际情况具体分析，灵活变通。当然，小公司路演者在寻求最佳结构时，一定要做好充足的准备，因为震撼人心的现场可以彩排，却没有捷径可走，最终决定股权融资路演结果的依然是你所准备的内容。

下面给大家提供一个可供参考的引爆现场的两个关键步骤的设定。

（1）清晰阐述。要用一种自信的、确信的语气来清晰地阐述你的创意。

（2）完美收场。告诉大家你的创意为什么要被实行，实行后将对消费者的生活产生怎样的影响，并以此构建结尾陈词。

2. 震撼现场的价值和步骤

融资路演现场注重氛围和情绪，在路演过程中带动投资人的节奏非常重要。成功的融资路演是融资者与投资人思想交流的载体，需要融资者在其中扮演引导者的角色，通过指向性的引导将现场氛围快速提升到沸点，最大限度地激发人们的求知欲和好奇心，让投资人从始至终处在兴奋的状态——这就是震撼现场的价值。要做到这一点，就要不断地训练。

下面几种训练方法可供小公司路演者参考。

（1）排练时大声说出来。

李阳的“疯狂英语”曾在几年前非常流行。“疯狂英语”似的训练方法虽然会让人尴尬、不自在，但它却能让你把在路演中讲的话、起承转合的关键点以及语速语调等细节深深根植在脑海里，帮助你在股权融资路演现场更好地展示你要展示的内容。

（2）说话像呼吸般自然。

在股权融资路演时，像呼吸空气一样自然而然地进行表述，不要刻意计较某个词、某句话。

（3）“破冰”与自然过渡。

在股权融资路演的开始阶段，投资人的注意力往往并不在你身上，此时，你需要运用一点“破冰”手段来吸引投资人的注意力，让还未回过神来的投资人跟上你的节奏。

➢让现场更有温度热情

股权融资路演的时间是有限的，只有在有限的时间内充分运用你的情感，才能引起投资人的注意。情感不是冷冰冰的数字，而是有温度的、自然的流露。具体来说，情感运用的重点主要有以下几点。

1. 有重点，要夸张

在获得民主党内的初选胜利后，奥巴马在讲话中用了五个“正因为这样”以及三个“是时候”的排比句来强调自己的讲话重点，再加上他迷人的嗓音、抑扬顿挫的声调、丰富的身体语言，整段演讲慷慨激昂、直击人心。《泰晤士报》曾专门就这段讲话进行过评论：“奥巴马的讲话充满激情，不由得让人想起了马丁·路德·金。”

由此可见，对重点内容的突出和路演者发自内心的激情是运用情感的两个重要要素。

2. 有韵律，擅停顿

情绪的变化通常都有一个酝酿的过程。如果你想通过情感表达来调动投资人的情绪，就要留给投资人足够多的时间来酝酿和产生与你达成共鸣的情绪。因此，在股权融资路演中注意韵律和停顿非常重要。

当年，林肯在与道格拉斯共同竞选美国参议员时，之所以能在不被看好的情况下赢得胜利，便是因为他深谙韵律和停顿之道。让我们一起来回顾一下这场演讲：

林肯先是侃侃而谈，紧接着忽然停顿，他那深深凹陷下去的眼眶，似乎满含未曾流下的泪水，使他看起来无比忧郁而凝重。他的双手紧紧握在一起，仿佛疲劳得无法继续这场无助的战斗。在这持续沉默的一分钟里，听众们的注意力却越发集中。接下来，他继续说道：

“朋友们，无论是道格拉斯法官，还是我本人被选入美国参议院，这都无关紧要，完全一点关系也没有。但是，今天我们向你阐述的这个重大的问题，它才是最重要的，远远超过任何个人利益和政治前途。朋友们……”

他再次停顿，而听众们屏息凝气，唯恐漏掉他接下来说的任何一个字。

“这个问题，即使道格拉斯法官，以及我这可怜、虚弱、无用的舌头都已经安息在坟墓之中，它仍继续存在、呼吸和燃烧……”

在这段演讲中，林肯通过自己伟大的演讲技巧使自己的话充满了震慑人心的力量。可以说，是停顿帮助林肯打赢了他政治生涯中最关键的一役。

3. 情与利，相结合

情利结合，是情感运用的最后一个环节，也是最为关键的环节。

枯燥抽象的理论如果不与容易深入人心的情感相结合，将很难使投资人产生共鸣；同样的，“虚头巴脑”的情感如果不加入理论的分析，也无法让人信服。在股权融资路演中，唯有将情和利二者紧密地结合起来，并综合使用，才能获得最终的胜利。

融资路演中涉及众多对利益的探索，“利”是其中不可或缺的关键因素，而情感则是辅助因素，二者相辅相成、缺一不可，只有在融资路演中将情与利用结合起来，路演才能取得出乎预料的效果。

4.4

谨慎雷区：一场成功的融资路演不只是自娱自乐

2017年，在我看过的数百场股权融资路演里，创始人有的是技术极客，有的是年轻的“90后”，可谓后生可畏。纵观他们的股权融资路演，有的项目真的挺不错，但路演就是“说”不对“说”不好。不管是方向还是语言都落不到“点”上。很多投资人都听得昏昏欲睡，等真到了台下交流后，又感觉项目还挺不错。

这些好项目最终融资失败，往往都是败在了路演上。这个世界其实很残酷，即使你的项目再好，但路演说不清楚，也没有投资人愿意花时间和精力去与你沟通。

如今，“酒香不怕巷子深”的年代早已过去，身处于这个浮躁的社会，我们每个人的耐心都是有限的，投资人希望能在最短的时间里听明白、被打动，所以在路演时你必须抓住有限的时间、有限的机会好好展示自己。这就需要小公司的创始人具备一点演讲天赋和一点嘴皮子功夫，但光靠天赋和嘴皮子功夫肯定是不够的，许多失败的路演都有相同的“病症”，只有在路演时跳出雷区，才不会重蹈覆辙。

➢思维雷区：拆掉思维的三面高墙

思维决定行动，小公司的创始人在路演时首先要跳出的就是思维的雷区。思维雷区主要有以下三点，如图 4－10 所示。

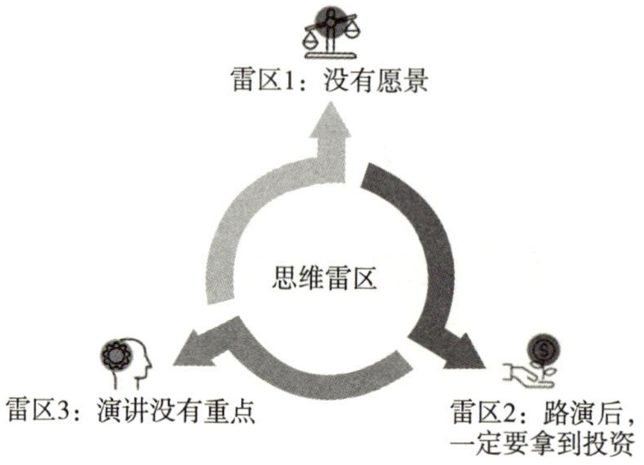

图 4－10　股权融资路演里的三个思维雷区

雷区 1：没有愿景。

伟大的公司，一定都是有使命和愿景的。一个公司是否有伟大的愿景，就要看它选择的融资项目是不是要改变行业的一种生态。比如，阿里巴巴的企业愿景是：让天下没有难做的生意。虽然阿里巴巴的这个愿景在当时看来很像痴人说梦，但这正是梦想的伟大之处，它能让人感受到创业的激情和敢想敢做的决心，能赋予生意更生动的内容。一个公司如果缺乏使命和愿景，注定将平淡无奇。

对于投资人而言，他们更欣赏有想象力的项目和有活力的公司，他们对创始人提出了更高的要求。如果你想让自己的公司融资成功，首先应该弄清楚你公司的愿景究竟是什么，你要如何在路演中展现出这个愿景，然后再根据自己的计划去积极地筹备。

雷区 2：路演后，一定要拿到投资。

创始人必须要明白，找投资就像找妻子或丈夫，除了项目本身要足够优秀外，还要讲究缘分，要互相适合，彼此“来电”。千万不要以为你的商业模式很新颖，你的项目很有创造力，你的团队很棒，你的路演也讲得很清晰，你就一定能遇到那个与你“惺惺相惜”的投资人或投资机会，顺利拿到股权融资。即便是马云，当年在找投资时，也不是轻而易举的。很多时候，并不是创始人不够优秀、项目不够好，而是“缘分”未到。

小公司想要找到自己的“缘分”，就需要不断地去“折腾”，去努力尝试。毕竟，把公司做大做强就是一种“折腾”。

雷区 3：演讲没有重点。

股权融资路演是一次与投资人面对面对话交流的机会，它的时间是有限的，一般在 10 ~ 15 分钟。要想在这有限的演讲时间里营造出最好的路演效果，小公司一定要挑干货讲，要专注于投资人最想听的关键点。这个关键点，就是你的商业模式、盈利方式、项目进展、产品情况、竞争壁垒等等。

路演时，逻辑越清晰，越具有激情，越能给投资人留下好印象，千万别说太多和项目无关的话，更不要啰嗦。否则，很可能你的重点还没讲到，大家就已经快听睡着了，谁还会投资给你呢？

➢行为雷区：舞台形象，优雅自然

思维的雷区避开了，下一步就是行为雷区。依据多年的融资路演经验，我将路演中可能遇到的行动雷区进行了归纳，如图 4 – 11 所示。

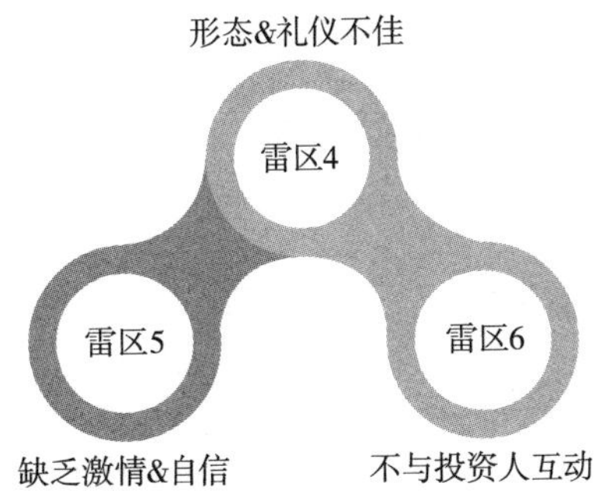

图 4 – 11　股权融资路演里的三个行为雷区

雷区 4：形态 & 礼仪不佳。

创始人作为公司品牌的形象代言人，在进行路演时，一定要保持形态、礼仪的得体。

首先是形态。假如你在路演时，不注重个人形象，胡子不刮，头发也不洗，随便穿个 T 恤就直接上台了，很容易给投资人留下潦草敷衍的不好印象，从而影响融资结果。路演时，面对的是台下的投资人和观众，彼此的尊重是很重要的。这就要求创始人在路演时，要装扮得体、昂首挺胸、声音洪亮，要充满自信、富有激情。

其次是礼仪。融资路演是一次秀出自我的好机会，在路演时注重礼仪会给投资者留下素养良好的美好印象，从而增加自己融资的筹码。

雷区 5：缺乏激情 & 自信。

激情是创业的源动力，它让你充满干劲，并能让一切不可能变为可能。

充满正能量的人最受欢迎。通常，创始人的气场便决定了路演的人气和路演的效果。一个充满激情的创始人一定是对自己充分自信、对自己的产品充分自信的，他具有巨大的感染力，能够将台下投资人的注意力充分吸引过来，并取得他们的认可。

但是自信也要有度，过度自信就变成“自负”了。每一个有梦想的创始人，都应该根据现实的情况审视自己、打磨项目，在路演时做到自信与谦逊并存、勇气与智慧并存。

雷区 6：不与投资人互动。

2016 年年初，上海仙剑文化公司创始人周利良在第一路演中心进行的融资路演成功俘获了深圳久久益资产公司董事长宋三江的“芳心”。周利良作为一个能做游戏、能互动的高手，我们从他身上学到的最重要的路演技巧应该是：与投资人互动、营造参与感。

让我们一起来回顾一下这场路演。

一方面，受场地的限制，周利良在路演之前就邀请了几位投资人体验了 AR 测试产品。这样的做法既提高了投资人的参与感，也让投资人“名副其实”的了解了自己的产品，证明自己的产品不是“吹”出来的。

另一方面，周利良在路演现场播放了仙剑文化的产品宣传视频。作为一种互动手段，视频可以更全面地向投资者展示仙剑文化的产品，比起单凭口头描述、让投资者自己去想象，视频介绍显然要生动得多。

最后，周利良给现场的每位观众发放了一份产品，让他们亲身体验。在传统的路演中，通常都是创始人在讲给投资人听，投资者对于产品只有一个十分模糊的概念，并不能真切感受。实际上，无论创始人讲得多么天花乱坠，单纯的语言介绍都抵不过亲身的体验。周利良的做法，一方面活跃了现场气氛，另一方面也增加了投资人的参与感。参与感有了、体验感有了、气氛也有了，成功融资自然就不远了。

从周利良的投资案例中，我们可以总结出以下两大融资路演的互动技巧，如图 4 – 12 所示。

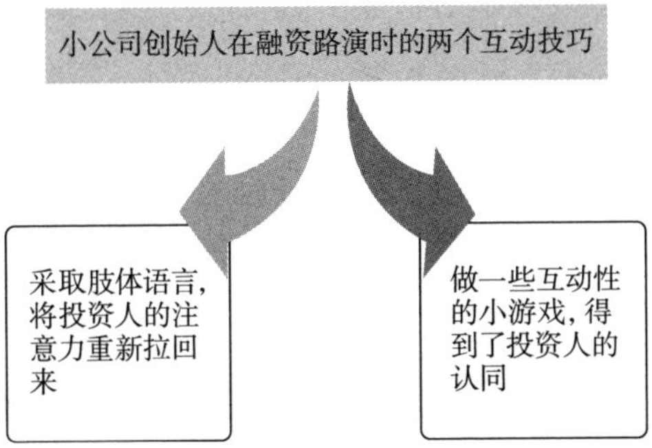

图 4 – 12　小公司在融资路演时的两个互动技巧

（1）采取肢体语言，将投资人的注意力重新拉回来。

当小公司的创始人在演讲时发现现场有投资人走神，可以适量运用一些肢体语言重新拉回投资人的注意力。比如，鼓起拳头做激励状的往前走几步。当你做这类动作时，投资人或许会因为不明白你的意图而充满好奇，重新关注你的演讲。

（2）做一些互动性的小游戏，得到投资人的认同。

股权融资路演的形式是多种多样的，我们在具体实施的过程中可以适当地与投资人做一些互动性的小游戏。比如，当我们在进行一些电子科技产品的路演时，可以邀请投资人亲自来体验一下自己的产品，判断一下自己的产品是否能充分满足用户的需求。此时，如果投资人接受了你的邀请并认同了你的产品，你的融资便成功了一大半。

互动性的小游戏既突出了参与感，又营造了活跃的氛围，还能赢得投资人的认可，可谓是一举多得的“融资路演秘笈”。

在开始股权融资路演的道路上，每个人都可能会遭受风雨的洗礼和磨炼，甚至破釜沉舟、背水一战，最终却落得黯然收场。确实，努力未必会成功，但我们要坚信：融资路演并非你想象中那个打不败的恶魔，只要你勇于路演，并熟读此书，那么，你就可以成功。

去路演吧，就像从未失败过一样。

第5章

锲而不舍：

五分钟说服VC/PE拿钱给你

马云用6分钟说服了互联网投资巨头孙正义为阿里巴巴投资4000万美元；YOU+创始人刘洋在五分钟内争取到了顺为资本董事长雷军的1亿元投资……这些案例说明了一个道理：快速说服VC/PE拿钱给你很重要。

5.1

你的五分钟里必须具备三样东西

马云曾在演讲时对创业者说过这样一句话：当你与投资人见面时，你要用五分钟说服他投资你。虽然，马云的五分钟有些夸张了，毕竟在现实生活中像他这样的创业者和像孙正义这样的投资者凤毛麟角，绝大多数的公司创始人都只是创业的“菜鸟”，需要“展翅高飞”的机会。

但马云的话也不是全无道理，因为对小公司而言，见到投资人的最初几分钟的确至关重要，把握得好，成功便指日可待；把握不好，机会便瞬间溜走。

在我做大做强自己的公司时，为了获得股权融资，我一直在努力练习说服投资人的技巧，并聘请了专门的专家顾问进行有针对性的训练。后来，有幸和投资人见面沟通时，我仅仅用了15分钟便说服了投资人，成功获得了股权融资。

不仅仅是我，360的创始人周鸿祎也曾表示，在他刚开始做3721（直接在网页的网址处打上中文即可链接的网络服务）时，对于说服投资人也毫无经验，但是经过自己的不断练习，他成功拿下了很多融资机会。

这足以说明：在“五分钟”内说服投资人是一种能力，它是可以通过后天的努力而获得的。那么，小公司的创始人如何才能在短时间内说服投资人呢?

根据我多年的经验，小公司的创始人要想像马云和周鸿祎那样在短时间内说服投资人，就必须让自己的“五分钟”具备以下 3 样东西，如图5－1所示。

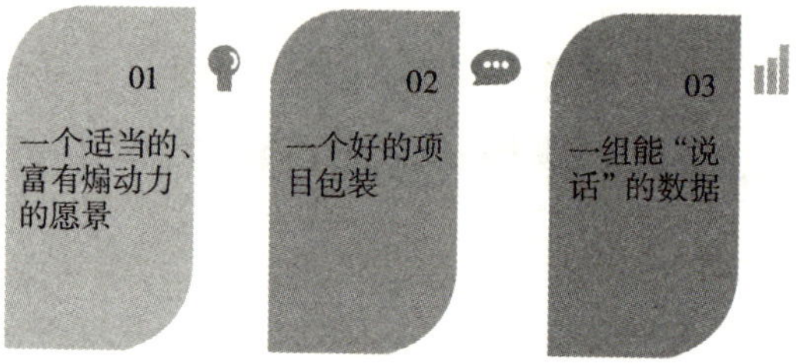

图5－1　短时间内说服投资人的 3 样东西

➢一个适当的、富有煽动力的愿景

小公司在说服投资人时须拥有的第一件武器便是：一个适当的、富有煽动力的愿景。美丽而富有煽动力的愿景可以将小公司和投资人完美地凝聚起来，让投资人心甘情愿地为小公司的项目敞开荷包。

但是，美丽的愿景并不等于胡编乱造，更不可华而不实，它应该立足于公司的实际情况，并且可以通过努力得以实现。如果你的愿景通篇吹牛，又假又大又空，你将被所有的投资人抛弃，因为没有一个投资人，会甘愿做一个任由你欺骗的“傻大缺”。

我曾见过一个小公司的创始人，他的公司发展状况良好，想通过股权融资来进一步扩大公司规模。在融资的过程中，为了说服投资人投资自己的公司，这位老板便向投资人描述了一个“跻身国际汽车行业巨头”的愿景。对于在当时甚至连当地规模都算不上中等的公司，“跻身国际汽车行业巨头”的愿景显然言过其实了，严重脱离了该公司的实际情况。最后的融资结果可想而知，这家公司非但没有获得任何一个投资人的投资，还在业界留下了“好大喜功、吹牛”的坏名声。

所以，小公司虽然可以利用美丽的愿景来帮助融资，但如果你的愿景不切实际，不能为投资人带来回报，那么它即使再美好，也无法赢得投资人的“芳心”。那种以为只靠一个激动人心的愿景就可以让投资人敞开荷包的想法是不切实际的。

因此，小公司在向投资人描述愿景时一定要注意以下三个问题，如图 5－2所示。

图 5－2　小公司在向投资人描述愿景时应注意的三大问题

1. 愿景不能以引资为目的

愿景应该贯穿于公司发展的全过程，而不是为了股权融资而树立。一方面，小公司需要以愿景来作为战略规划去发展壮大；另一方面，小公司自身在战胜困难、奋勇前进的过程中也需要愿景的鼓舞。

小公司在制定公司愿景时，一定要契合公司实际，切不可为了说服投资人而将愿景定得过高。对于小公司而言，如果连最基本的生存问题都无法解决，再好的愿景也是空谈。毕竟，投资人做决策的依据，除了愿景本身的吸引力，还有你的公司对愿景的驾驭能力。

2. 愿景的实现不应仅依靠引资

小公司可以实现愿景融资，但决不能将融资视为实现愿景的唯一途径。在向投资人描述愿景时，小公司必须向投资人阐明一点：我的愿景有了你的投资会实现得更加美好，但如果没有你的投资，也会实现。

3. 愿景筹划不能完全抛开投资人的利益

投资人不是慈善家，他们投资的目的是为了盈利。小公司在向投资人描述公司愿景时，一定不能遗漏实现愿景投资人可以获得的利益回报。只有在明确了自己的投资收益后，投资人才会愿意和你并肩同行。

➢一个好的项目包装

小公司要想在短时间内说服投资人，做好项目包装很关键。所谓项目包装，就是小公司根据市场的运作规律，对自己的项目进行策划、包装、运作，以高的投资回报达到吸引投资人，获得融资目的的过程。

尽管很多小公司都知道对项目进行包装的重要性，但十分可惜的是，他们并不懂得项目包装的具体操作办法，其项目包装往往敷衍了事，找不到关键点。甚至有些小公司所谓的项目包装，就是印一大堆项目资料，然后悉数丢给投资人。而在融资失败后，他们也不会去反思自己的项目包装，只会认为导致失败的关键是没有找到更好的融资办法。

事实上，相比较找到合适的融资方式，项目包装对小公司股权融资的成败影响更大。很多小公司之所以不能在短时间内说服投资人，就是因为他们的项目包装没有做到位。

那么，小公司应该如何去衡量自己的项目是否具备了在短时间内说服投资人的作用呢？一般而言，成功的项目包容应具备以下三个特点：

1. 可行性

任何项目想要能运行成功，其前提条件就是这个项目必须可行。对项目的可行性研究是项目包装中最重要的一个步骤，具体来说，它包含表 5－1 中的内容。

表5－1　项目可行性包装的内容详情表

项目	具体内容
项目名称	包括融资项目的产品、规模、投资人的出资比例、合作方式等
项目现状	包括你的项目是否立项并获得了政府部门批准，有没有违背国家法律法规、经济政策等
合伙人资质	合伙人的资质包括重要履历、经营状况等。如果你有合伙人，你必须在项目包装中体现出合伙人的资质，投资者会十分看重合伙人的品质
财务预测	包括经营收入、经营成本、投资回收期、投资回报率等
投资预算	主要是你需要投资人投资的比例，重点在于编制可行的资金筹措表、总投资费用支出预算表以及建设投资估算表等
市场预测	包括产品的市场占有率、产品的营销战略、产品的竞争力与市场需求量等

综合而言，小公司在对项目进行包装时，一定要秉承客观原则，对项目的各个因素都进行正确、合理地分析。

2. 实事求是

实事求是是小公司在进行项目包装时的另一个原则。要坚决杜绝为了讨投资人欢心而夸大盈利、缩小风险的做法，项目里的各项数据必须真实、准确、客观，这样做出来的项目包装，才有诚信可言，才不会为公司招致纠纷。

3. 吸引力

决定股权融资成败的一大关键是融资项目是否具有吸引力。在进行项目包装时，小公司要在策划新意和准确把握时代脉搏上做文章，多讨论投资人关心的问题，重点突出项目的特色和竞争优势。

➢一组能“说话”的数据

除了上文提到的美丽愿景和项目包装外，在短时间内说服投资者的另一个关键因素是大量可信、可靠的数据。数据就是小公司用来说服投资人的重要武器，因为投资人往往是通过量化的数据来了解你公司的具体情况，如果你提供给投资人的数据不是真实准确的，势必会影响到投资人的判断。

微头条在A轮融资中获得了千万投资。一年后，又出让15%的股份融资3000万元。作为一家为用户提供基于互联网和移动互联网的品牌策划、创意、媒介推广于一体的整合品牌营销方案，以技术驱动创新的新媒体公司，名不见经传的微头条之所以能频繁地获得融资，正是得益于其创始人陈刚善用数据说话。

在面对投资人时，陈刚提供了下面几种有效数据，如图5－3所示。

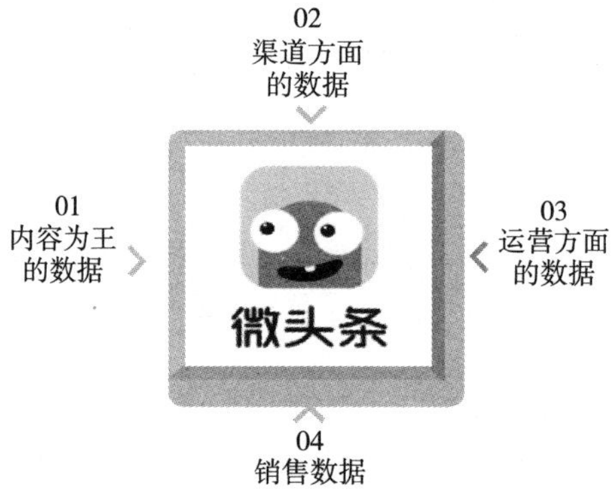

图5－3　微头条创始人向投资人提供的四大数据

陈刚用四个理由向投资人阐明了在内容为王的时代，原生广告是主流的观点：一是原生广告的用户体验更佳，因为没有人会喜欢在狭小的手机屏幕上点击广告；二是广告主急需一个新的广告模式来拯救不断下降的点击率；三是原生广告的转化率比展示广告高；四是原生广告的溢价能力更高。

陈刚提供了微头条的200万元销售单、Q3媒体会预计收入300万元和2016年的预计销售目标1000万元。

陈刚强调微头条的专业运营团队能帮助品牌精准获得受众群，有效放大品牌的曝光效果，微头条已通过“分发式媒体战略 + 优秀的全网内容运营能力 + 优质内容竞争力”的渠道战略成功掌控新媒体时代最优秀的各类内容的出口，包括 UC 浏览器、猎豹浏览器、WIFI 钥匙、ZAKER、搜狗手机浏览器、搜狐新闻等，国内各大主流内容平台的分发资源和国内多家移动运营商。

陈刚还向投资人展示了微头条的浏览 PV 和访客数据：由 2015 年 2—12 月的每月 5000 万之下，飙升到 2016 年 4 月的 4 亿。用运营数据增强投资人的投资信心。

由此不难看出，陈刚在说服投资人时，始终立足于数据，而这些数据也正是打动投资人，获得投资的关键。陈刚的做法，值得每一个小公司学习。

除此之外，当小公司在运用数据去说服投资人时，还必须遵守下面两个原则。

1. 数据真实

现实中，有很多小公司为了打动投资人而提供虚假数据的案例。这些案例通常都没有好的结局。事实上，能成为投资人，自然练就了看人、识人的本领，你的数据是否真实可靠，投资人一眼便能判断。所以，当小公司在向投资人展示数据时，必须要遵守的第一原则就是：数据要真实可靠，不要刻意篡改和编造。

2. 不要选择性地使用或者不使用哪些数据

小公司在选择数据时要遵循以下三大要点（如图 5－4 所示），以便使投资人能更好地明白你提供的数据所讲的内容。

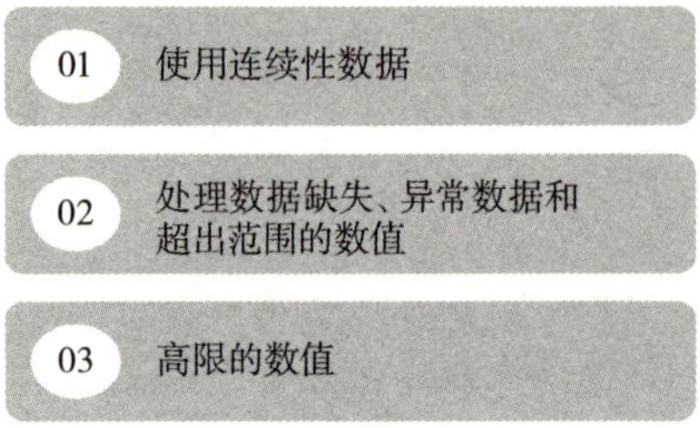

图5－4　小公司选择数据的三大要点

面对这些大多数投资人都了解的数据，只有保证数据没有问题，才会让投资人对你的项目更有信心。

5.2

五分钟说服 VC 的四个表达点

为了打动投资人，融资成功，小公司需变成投资人肚子里的“蛔虫”，知道他们想要看什么，最注重什么，然后投其所好，有的放矢，最终达成自己的股权融资目的。

根据我多年的经验，总结出以下几个说服投资人的关键点，希望对正在为股权融资烦恼的小公司提供一些帮助，如图 5－5 所示。

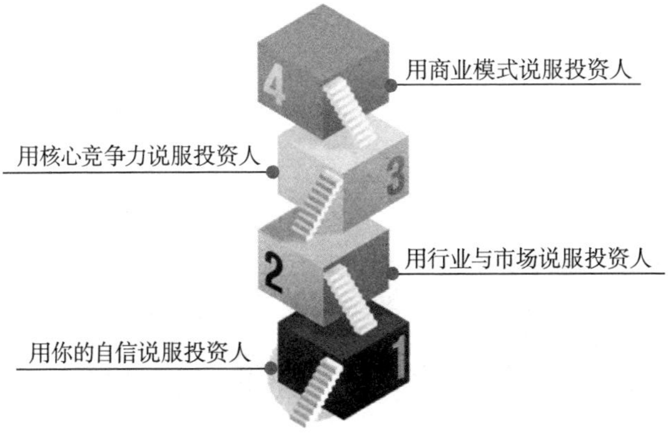

图 5－5　小公司说服投资人的四个表达点

➢用你的自信说服投资人

现在，请你试想一下：你在回答“1＋1 等于几”的问题时，是否会非常自信的给出答案。这是因为你知道自己说的肯定是对。当你面对投资人时也要如此充满自信，让对方知道，投资你不会错。

在现实中，有的小公司创始人在与投资人面谈时，非常自信地对投资人说："我的公司绝对可以让你的投资翻倍，我有这个价值。"当投资人对此提出质疑时，创始人就蒙了，就连说话的音量都降低了。纵观融资成功的企业家，他们都拥有一股魔法般的能力，那就是他们能自信满满地对投资人说："我的企业有赚 1 亿的能力，投资我，你会获得巨大的回报。"事实上，他们的这种能力你也可以拥有，前提是只要你能首先说服你自己。

小公司想要说服投资人，首先要说服自己相信"我的公司是值得投资的"。只有有了这份自信，面对投资人时，你才不会露怯。这里的"相信自己"，是要你从公司的实际情况出发，评估自己的能力。如果最终还没达到投资人的标准，建议你再继续养精蓄锐一段时间。但如果你的公司确实值得投资，那么请你自信骄傲地告诉投资人，"我的公司，你值得投资。"当你由内而外地相信自己，我相信，投资人也会对你刮目相看。

➢用行业与市场说服投资人

投资人总是偏爱那些前景好、收益快的项目。如何考察一个公司是否值得投资，投资人一般从以下三个方面入手，如图 5-6 所示。

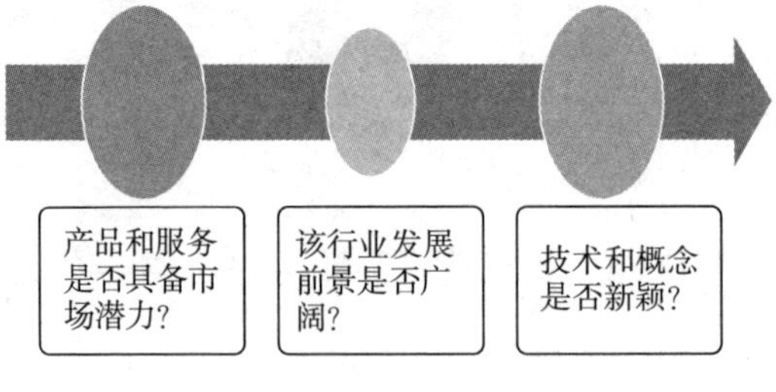

图 5-6　投资人考察项目的三个标准

1. 产品和服务是否具备市场潜力

投资人对公司的产品和服务只有一个要求——必须满足市场的需求。也就是说，这家公司的产值有多少，市场是否能迅速地消化。比如，一家公司一年生产 1000 万元的产品，市场上也能马上吸收，就说明这个产品是满足需求的，反之，将会给公司带来财务上的压力。

中国互联网投资领域的领军人 IDG 董事长麦戈文说："我们对投资对象有一个很重要的要求，就是增长速度快，成长得快才有可能被大企业看中，并购或者上市。"但是另一位资深的投资专家却说："如果产品市场连 10 亿美元都不到，那我们投资纯属浪费时间。"可见市场容量对投资人的吸引力有多大。因此，小公司想要说服投资人，首先要证明自己的产品是很受市场欢迎的。

2. 该行业发展前景是否广阔

红杉资本的创始人唐·瓦伦坦是风投界的殿堂级人物，他有句名言："赌赛手，不如赌赛道。"这句话非常形象地说明了在投资领域，选对行业是非常重要的。

每个行业都有自己的发展规律，市场环境会对其产生一定的影响，但是并没有直接的联系。如果整个行业都已经被外界认定为是"夕阳产业"，我相信没有一个投资人愿意"兵行险着"。比如，现在还有人愿意投资电脑磁盘、胶片相机这样的行业吗？

3. 技术和概念是否新颖

如果你的产品或技术很容易就被复制了，这就证明你的公司防竞争壁垒非常低，市场上同类产品一多，很容易陷入价格战的泥潭，一些竞争力弱的公司，很容易就被淘汰了。但是，那些竞争壁垒较高的公司，他们的专利和技术很难被模仿，因此将在很长一段时间内成为极富竞争力的产品，在市场上独占鳌头。

当然，并不是所有的创新技术都能被投资人和市场接受，不同的投资人由于受教育背景和从业经历的区别，会对同一种技术做出不同的评价。

如今的搜索巨头谷歌，在最初寻找融资时，也受了不少挫折。NEA 的一位投资人很直白地说："我们当初根本就没打算和谷歌接触，因为那时的谷歌还没有收入，产品也不成熟，就连商业模式都是模糊的。"大多数投资人都不看好这个项目，但是红杉资本的合伙人迈克尔·莫瑞茨却看到了谷歌的价值，决定投资谷歌。

➢用核心竞争力说服投资人

关于核心竞争力的解释有很多，简单来说，所谓核心竞争力就是能让公司处于并长期处于行业领先地位的能力。公司的核心竞争力可以是某种专利技术、优秀的管理团队，或者是非常具有市场潜力的产品或服务。但是，核心竞争力必须是公司独有的，竞争对手无法复制的。

如何衡量一家公司是否具有核心竞争力，投资人通常会从以下三点来判断，如图 5 –7 所示。

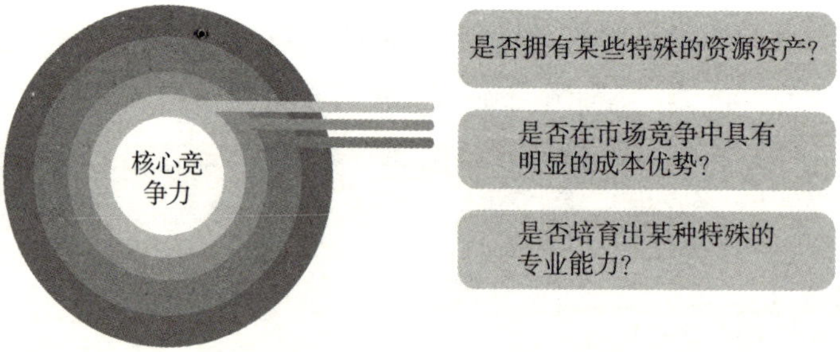

图 5 –7　投资人判断公司核心竞争力的方式

1. 是否拥有某些特殊的资源、资产

什么是特殊资产？就是公司拥有的带垄断色彩的资产。比如，专利技术、独家产品或服务，这些有了国家政策的保护，就有了天然的屏障，把竞争对手屏蔽在外。或者，公司拥有某家地段非常好的门店或者注册商标，甚至独家矿产，这也属于特殊资源，能为公司创造丰厚的利润。

另外，公司还有一种资源不能被忽视，就是优秀的创始人。同类公司，由具备企业家精神的创始人领导，和由不具备企业家精神的创始人领导，最后的结果是天差地别的。因此，如果你的公司拥有一位具备企业家精神的创始人，那么万万不可轻易放掉。

2. 是否在市场竞争中具有明显的成本优势

成本优势是指，在同类产品中，公司能以比对手更低的成本创造更多的价值。占据成本优势，当陷入价格战的泥沼时，就算对手已经苟延残喘，你依然可以面对竞争不动声色，轻易把对手踢出局。

为什么有的小公司会有成本优势呢？产生这种情况的原因有很多，比如，前文提到的拥有某种特殊的资源，公司能借助资源控制成本。因此，一家公司想要占据成本优势，并不容易。

3. 是否培育出某种特殊的专业能力

如果没有特殊资源，也没有成本优势，小公司就只能通过打造各种专业能力来提高自己的含金量了。比如，售后服务的能力、产品营销的能力、团队创新的能力等等。苹果公司之所以能取得今天的地位，和他们的团队创新能力分不开；宝洁和百事可乐能取得成功，和他们完善的管理分不开；丰田和本田能取得成功，和他们先进的生产能力分不开。

戴尔电脑最开始就是通过直销电脑的方式，获得了自己的第一桶金。虽然这种直销的方式后来有无数人模仿，但都无一成功，原因就是戴尔公司在营销的过程中超强的组织能力和执行力，没有多少人能做到。模式好复制，但是执行力不好复制。这就是戴尔的核心竞争力。

➢用商业模式说服投资人

如今的市场竞争，已经渐渐转变为商业模式的竞争，就连管理学大师彼得·德鲁克都说："现在的企业竞争，与其说是产品的竞争，不如说是商业模式的竞争。"商业模式到底是什么？

其实说到底，商业模式就是公司怎么做才能赚钱。公司在成立之初，也许已经有清晰的商业模式，也许还在探索中，但是你想拿到股权融资，就必须给投资人呈现一个成熟清晰的商业模式。简单来说，就是告诉投资人你的公司是怎么赚钱的。关于这个问题，可以从以下三点入手，如图5-8所示。

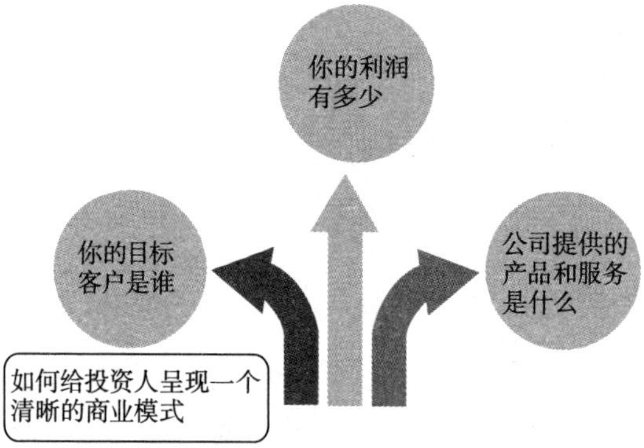

图5-8　商业模式的总结

1. 你的目标客户是谁

有了目标客户，你才知道你的产品要卖给谁。产品卖出去了，公司才会有利润。你可以根据往年的营销数据和潜在客户数量，对产品的潜力做一个预估。除此之外，公司不仅要找到客户，还要找那些有价值的客户。一项调查表明，公司80%的盈利来自于20%的目标客户，而剩下20%的盈利却要花费公司80%的营销费用，这就是"二八定律"。因此，公司想要赚钱，就要找到那些对自己有价值的客户。

2. 你的利润有多少

你可以根据目前掌握的销售数据大致算出自己的利润是多少。用销售总收入减去边际成本和各项固定支出，剩下的数据就是利润。什么是边际成本？就是除去厂房、人工、原材料、宣传等固定成本，为了多卖一件产品所要付出的成本。

算出了总利润，还要计算公司的净利润、销售利润率、投资利润率等，数据越详细，你给投资人描画的未来就越清晰，融资成功率就越高。

3. 企业提供的产品和服务是什么

你提供的产品或者服务越简单越好。如何对产品进行定位，业内有一个 KISS（Keep It Simple Stupid）原则，模式越简单，成功的概率就越大。为什么要这样定位呢？因为投资人喜欢那些一眼就能看透的公司。模式越简单，也就意味着风险越小，融资方在后续的合作中也比较好操作。比如，传统的门户网站就很简单，网站提供信息，用户寻找信息，在提供信息的同时，还能卖广告，这就是谷歌的价值。

5.3 说服 VC/PE 拿钱给你的关键是“人”

2017 年 5 月，今日资本的总裁徐新女士在采访中表示：随着国家政策的支持，创业者越来越多，优秀的项目也如雨后春笋般冒头，但是我们在寻找投资对象时，不仅要看项目，更重要的是要看“人”。有了好的创始人才能有好的团队，有了好的团队才会有好的公司。

在这一点上，软银亚洲投资的领头人阎焱和徐新不谋而合，他在说到自己的投资经验时表示，如果他有意向投资一个项目，那么他会把 40% 的时间拿出来对公司的创始人和团队进行考核。

作为中国商界的殿堂级人物马云，对孙正义的多次投资也是这样说的：“他投资的不是我的公司，而是我这个人和团队。”如图 5 – 9 所示。

图 5 – 9　投资人的目标

在风投界有这样一句话，“投资看什么，除了人还是人。”投资人之所以会给出如此坚定的答案，一定有他的道理。首先，人心隔肚皮，想要彻底识别一个人是否可靠是很难的。小公司不少，但是优秀有前景的小公司很少。其次，投资人经常会犯糊涂，他们看中项目或者公司的前景，但是却忽视了负责项目或公司的人有没有这个能力，把前景变为现实。钱给错了人，好的投资项目也可能颗粒无收。

因此，想要说服投资人给你钱，首先要把自己变得值钱，提高“人”的素质。既然如此，我们应该如何靠“人”打动投资人呢?

通常来说，投资人除了通过自己的阅历和识人艺术考察投资对象外，还会通过这两个方面来考察：管理团队的核心人物素质和团队之间的默契。

➢小公司创始人的素质要求

纵观那些成功企业家的发展历程，都具备一些共同的品质。国内外很多人力资源专家试图总结他们的精神，然后加以宣传推广。其实，投资人也对这些闪光点表现出浓厚的兴趣，他们也想知道自己的钱到底投得值不值。

不同的投资人对项目进行考核时，一定有自己的风格和侧重点。但是，不管是什么样的投资人，在他们眼里，一个合格的创始人必须具备以下几点品质，如图 5－10 所示。

图 5－10　投资人眼里的优秀创始人

1. 源源不断的创新能力

一家公司想要持续不断地向前发展离不开创始人源源不断的创新能力。所谓创新能力，不仅仅局限于你有的产品别人没有，你能做到的工艺别人做不到，还体现在对公司战略发展的规划、公司文化的制定、如何应对突发状况等方面。因此，创始人的创新不只是技术上的别出心裁，还有各方面的、多元化的创新。比如，有的创始人对产品技术研发一窍不通，但是他们却有很强的组织创新的能力，能迅速建立团队解决问题，这就是一个创始人的闪光点。

由于创新能力是一种非常抽象的能力，很难通过具体的标准进行考察，但是投资人能通过公司文化、公司环境、团队合作力、员工精神面貌、专利技术成果等各个方面发现蛛丝马迹。除此之外，投资人还会通过公司递交的商业计划书进行讨论了解。

2. 高超的公司管理能力

同样开公司，为什么有的人到最后会成为知名企业家，而有的人摸爬滚打多年还只是个小公司的老板呢？区别就在于管理技能。管理技能包括是否具有向心力、是否能够激励员工、是否有果断的决策能力等。技术人才比比皆是，但是管理人才却屈指可数，有的小公司甚至要花大价钱特聘职业经理人。如果你的公司要进行融资，身为创始人的你，一定要提高自己公司的管理技能。

3. 有理想、有信念、有格局

百度的掌门人李彦宏在创业期进行融资时，投资人问他：“你多长时间能给我一个搜索引擎的雏形？”李彦宏回答：“半年的时间吧。”投资人又问：“如果我多给你一点钱，你可以快一点吗？”李彦宏非常坚定地回答投资人：“不行，这样会影响我的项目。”

李彦宏的答案让投资人非常满意，投资人表面是在和李彦宏聊天，实际上是在考察他是不是一个有责任心，可靠的创始人。接着，投资人又问："在搜索领域，你觉得世界领先的有谁?" 出于中国人谦虚的优良品质，即使当时李彦宏的百度已经小有名气了，并且技术也是全球数一数二的好，但是在他的答案中，并没有提到自己的名字。

就这样，投资人认定李彦宏是一个有能力、有责任、有信念的最佳投资对象。对于小公司来说，诚实就是最好的说服证据。这次，投资人给李彦宏的投资比他预期的还多了 20 万美金。

无独有偶，阎焱说到为什么会投资陈天桥时，也提到陈天桥是一个诚实可靠有能力的人。因此，小公司想打动投资人的心，必须要做一个有理想、有信念、有格局的创始人。

4. 对成功有强烈的渴望

细数那些知名企业家，不管是马云、李彦宏，还是雷军、刘强东，他们身上无不充满着对成功的强烈渴望，他们想在这个世界上留下一些痕迹。

这些企业家为了达成自己的心愿，每天都在向成功奔跑。他们不断突破自我，付出普通人难以想象的代价，越努力，越幸运，越成功。因此，成功企业家背后是我们看不到的牺牲与辛酸，是面对挑战永不言弃的精神。

投资人如果想知道投资对象对成功的渴望是否强烈，可以多和他们交流，或者旁敲侧击通过他们的合作伙伴进行了解，了解他们在危机发生时是如何应对的，了解他们是如何与员工相处的，了解他们用怎样的态度面对诱惑，会不会半途而废等。通过这些答案，投资人基本上已经在心里有了决定。

一个能打动投资人的创始人应该具备哪些素质呢？下面做一个简单的总结，如图 5－11 所示。

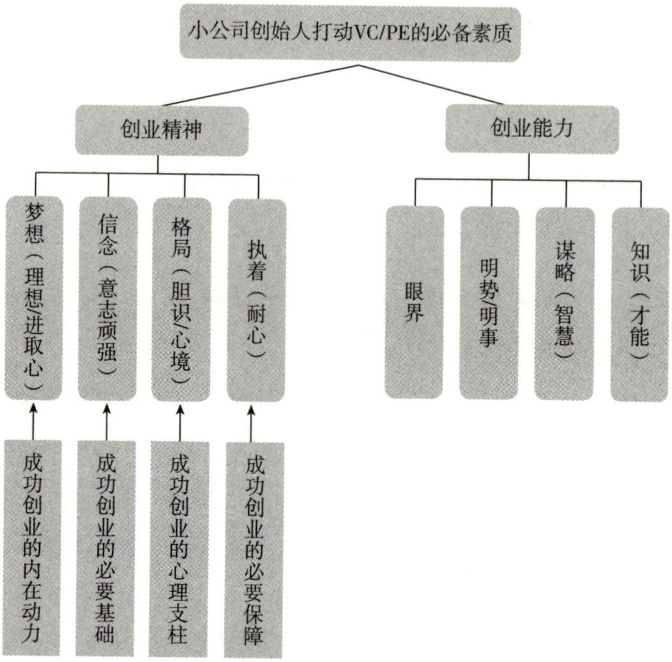

图 5－11　小公司创始人打动 VC/PE 的必备素质

具备以上这些条件；你就一定能融资成功吗？不一定。

一家小公司是否能股权融资成功，是由多方面的因素决定的，一路过关斩将，最后成功拿到钱的公司目前看来还是屈指可数。根据红杉资本 2017 年的调研显示，该公司在 2017 年一年间收到的商业计划书多达 10 万本，以及与 8 万多个项目负责人进行了面谈，但是最后成功融资的公司只有 50 个，几乎是万里挑一。

投资圈流传着这样一个故事：有一家小公司找红杉资本融资，第一次、第二次都失败了，过了两年，这家公司不管是在项目规划上，还是在公司管理上都有了非常大的进步，是一个非常好的投资机会，于是，红杉资本决定对这家公司进行投资。所以，除了以上几个必备素质外，小公司要想成功融资，创始人还要拥有坚持不懈的恒心和耐心。

➢有凝聚力的团队

投资人除了看中小公司的创始人，还非常注重对小公司的核心团队进行考察。单凭一个人的力量是很难将公司做大做强的，因此，如果你拥有一个分工明确，有凝聚力的团队，对投资人来说，也是加分项。

有资深投资人表示，“当我开始和投资对象交谈时，我脑海中浮现的第一个问题就是‘这个人是个好老板吗?’接着，我会关心，这个人领导的团队能做好事情吗?”

投资人对没有成熟团队的公司进行投资的可能性为零。因为，就算一个人的能力再强，他也不可能完成一个项目的所有工作。投资人相信，一家公司只有团队完善合理，才能把项目有条不紊地进行下去，保证自己的投资安全，降低自己的投资风险。

那么，投资人会如何考核一家公司的团队合不合格呢？其最主要是看小公司团队是否具备以下几个特征，如图 5－12 所示。

图 5－12　投资人最看中的小公司团队必备的四大特征

如果你的公司具备以上四个特征，那么恭喜你，你离股权融资成功又近了一步。但是，这里的一步不是说你一定能成功。现在的小公司都知道一个好的团队对投资人的说服力有多大，因此拼命组建“梦之队”，从而忽略了在公司经营管理方面的完善，于是，这一步之遥，越来越遥远。

虽说优秀的团队是打动投资人的必要条件，但并不是唯一条件。投资人很看重团队，但你千万别认为投资人不会替换团队。也许投资人投你是因为你和你的团队足够优秀，但是投资人的言外之意是：“如果你把公司带得好，我就投资你，否则，我分分钟“干掉”你，因为现在公司没了谁都能正常运转。”

总而言之，不管投资人投的是你本人还是你的团队，投资人看重的只有三点，人！人！人！

第6章

捭阖纵横：与VC/PE进行一场双赢的融资谈判

小公司成功说服 VC/PE，在“投资意向书”中列出了主要条款，双方在签署正式的投资协议前需进行融资谈判。掌握谈判的技巧，小公司才能更好地把握融资的主动性，争取更多有利于自己的条件。

6.1

融资谈判，和你想的不一样

在股权融资中，无论是找 VC 和私募，还是奔向 IPO，都需要经过谈判这一过程。从某种程度上来说，小公司在谈判桌上的表现直接决定着股权融资的成败。因此，每个小公司都应该充分认识谈判的意义和作用，掌握谈判的方法和艺术。

➢融资谈判到底是什么

提起融资谈判，很多人都认为它是一种“尔虞我诈的斗智过程”。而关于融资谈判的攻防战术，我们经常听到的都是“请君入瓮”或者“不战而屈人之兵”的巧言权谋。其实，这样的说法并不是全无道理，因为认真学习“兵法”，并练就锐利的双眼与锋利的言辞，是成为一名成功融资谈判者的前提，只有在这种前提下，融资者才能掌握融资谈判的重点，做到有的放矢。

如果从谈判的结果来看，融资谈判还会有另外一种诠释。谈判是一个让融资者与投资人坐下来好好谈谈、协调出最佳解决方案的过程。在这个过程中，谈判双方都会竭尽全力的为自己争取最大的利益。从这个层面而言，股权融资谈判不是打仗，而是要通过共同决策的方式追求“双赢”的结果。所以，我们也可以把股权融资谈判称为“双赢谈判”。

具体来说，股权融资谈判具有以下几个特点，如图 6－1 所示。

图 6－1　股权融资谈判的特点

从以上的特征我们可以总结得出，股权融资谈判的精髓不是互相争夺，而是倾听对方、满足彼此、创造双赢。具体来说，就是要通过倾听去弄清楚对方想要什么，并在权衡了自己的需求和对方的需求后，最大化地去满足彼此的需求，实现“谈判双赢”。

小公司只有在充分领悟了谈判的精髓后，才能在实际的谈判操作中融会贯通、见招拆招、自然而然地做出准确判断，从而获得信任，与投资方达成更长远、更愉快的合作关系。

➢引导股权融资谈判成功的三个原则

融资谈判是一场关乎着利益分配的博弈，它考验的是融资人的智慧、战略和胆识。评价一场融资谈判是否成功的标准应该是融资者在谈判时有没有做到维护公司和争取融资之间的平衡。一场成功的融资谈判，必须坚持以下三个原则，如图 6－2 所示。

图6-2 小公司引导股权融资谈判成功的三大原则

1. 诚信第一，坦诚相待

诚信第一、坦诚相待，这是小公司的创始人在与投资人进行谈判时要坚持的第一个基本原则。

俗话说，“读万卷书不如行万里路，行万里路不如阅人无数。”作为每年会花95%的时间看项目、经常天南地北地游走于各种公司、接触过形形色色的创始人、阅人无数的投资人，当他们在与你进行融资谈判时，基本可以在不了解你公司的情况下，仅凭多年来积累的丰富经验便做出投资与否的正确判断，任何欺瞒哄骗的态度都无法逃脱他们的火眼金睛。

在面对投资人时，小公司的创始人应该表现出自己的真诚，如实回答投资人问及的所有问题。投资其实就是投人，对于小公司而言，创始人在投资谈判中的诚信和坦诚往往比公司本身的完善度更加重要。可以说，诚信和坦诚是投资人做出投资判断的重要依据，也是帮助小公司和投资人建立深厚的“革命友谊”的重要武器，只要创始人在谈判中表现真诚，哪怕这次的融资失败了，也可能会争取到下一次的合作机会。

2. 在求同存异中获取双赢

股权融资谈判的目的是为了使小公司和投资人在利益、做法等方面进行协商，只有达成了共识的谈判，才是成功的谈判。

通常，小公司和投资人在融资谈判开始时会存在很多方面的“同”和“异”。为了谈判的成功，小公司的创始人在谈判时应遵守求“大同”、存“小异”的原则，最大程度地谋求一致，达成共识。

具体来说，求“大同”就是指谈判双方在谈判时，要在整体上和原则上保持高度一致，要屏蔽双方在细枝末节上发出的不同声音。求“大同”是融资谈判成功的基础；存“小异”是指小公司在谈判时要学会适当地让步，要容得下投资人与自己的利益要求不一致的“小异”，从而更好地促成谈判的成功。

3. 扩大谈判双方的总体利益

把“蛋糕”做大，即在一定程度上扩大自己的利益和谈判双方的共同利益，这是小公司在融资谈判中必须要坚持的又一大原则。

小公司的创始人在进行融资谈判时，最明智的选择应该是在“把蛋糕做大”的基础之上再去进行利益的划分。融资谈判的成败在某种意义上来说，就是取决于能不能把“蛋糕”做大。只有把“蛋糕”做大了，谈判的双方才能降低成本、减少风险、有利可图，才能实现利益的最大化。

➢会谈没有成效怎么办

融资谈判绝非易事，没有股权融资经验的小公司在初次谈判时往往以失败告终。就算是那些有过股权融资经验的团队在与投资人谈判时，也不能百分百保证谈判会有好的成效，也会遭遇投资人的放弃。

谈判失败就意味着投资人对你的公司失去了兴趣。造成这种局面的原因是多方面的，比如，投资人对你公司的团队能力产生了怀疑、认为你的商业模式缺乏可操作、对你的公司前景缺乏信心等等。在面对谈判失败时，小公司的创始人一定要保持好心态，要明白融资谈判的失败虽然令人沮丧，但并不意味着你无功而返。要告诫自己胜败乃兵家常事，即使失败也不能失望，而应该坚定信心，从头再来，继续开启说服投资人模式或者重新去接触新的投资人。

失败是成功之母，可以说，努力与坚持对于股权融资至关重要，失败一次，就再努力一次、坚持一次，努力和坚持的次数多了，也许成功就光临了。

这个坚持的过程，也是小公司不断改进、不断调整的过程。小公司的创始人在融资失败后一定要善于分析导致失败的原因，这个原因可能是小公司本身的融资条件不足，也可能是小公司创始人在谈判中没能有效地向投资人展示出公司最核心的价值，还可能是小公司的融资计划过于理想化。小公司只有在充分了解了自己失败的原因，并有针对性地去改进和完善后，才会在下一次谈判中，发挥出更好的表现。

需要注意的是，倘若小公司创始人通过分析后发现自己的公司确实还不具备融资的条件，就应该暂停融资计划，重新修炼内功，等条件都具备后再去进行融资，而不能“明知山有虎，偏向虎山行”，在融资这条道路上一直走到黑。

小公司的创始人必须明白，由于投资人的专长和能力的不同以及投资业务水平的参差不齐，在面对同一个项目的融资时，不同的投资人也会做出不同的抉择。即使像谷歌这样的超级大项目，在融资的前期也曾遭遇过投资人的拒绝。因此，小公司融资谈判的失败，除了要从自身找原因，还应该考虑投资方的原因，无论如何，不能失去信心。

以上都是小公司在进行融资谈判时可以借鉴的相关经验。我相信，只要认真学习并掌握了这些技巧经验，便能在融资谈判的实操中取得良好成效。

6.2

小公司融资谈判前的准备

做好充足准备是小公司在融资谈判中随机应变、灵活处理、避免利益冲突激化的前提。俗话说，“凡事预则立，不预则废。”面对风云变幻的谈判桌，小公司唯有充足准备，才能确保自己在谈判的复杂局势中立于不败之地。

常常会有小公司的创始人向我咨询：“如果投资人十分不愿意和我多谈的样子，我该怎么做才能切入谈判正题呢?”可以说，这种在谈判中遭遇投资人“冷脸相待”的情况非常普遍。下面就来和大家共同分享一下应对这种情况的方法——重视谈判前的准备。

➢股权融资谈判的基本准备工作

由于融资渠道、方法和具体的投资人不同，准备工作也不一样。一般来说，小公司基本的准备工作包括以下几个方面，如图 6 - 3 所示。

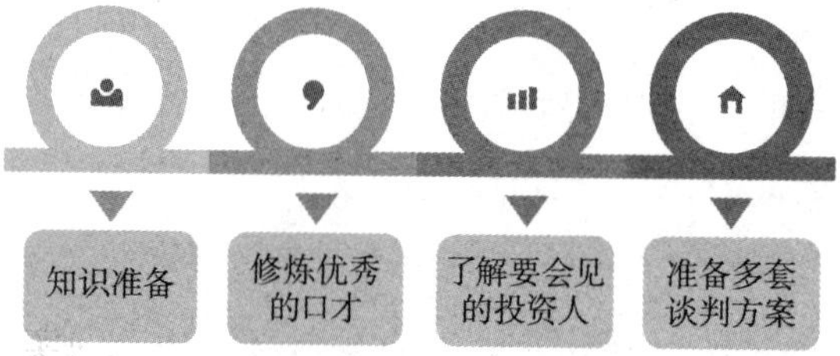

图 6 - 3　小公司进行股权融资谈判前的四项基本准备工作

1. 知识准备

由于小公司和投资人之前都不了解对方，而且从事的行业也不尽相同，为了提高沟通的效率，小公司就必须要做好准备工作，特别是知识方面的储备，以避免投资人说出一些专业名词，你连具体指什么都不清楚的情况。

小公司的创始人或谈判团队应该熟知财务、金融、法律、公司管理等方面的知识。除此之外，还要熟知融资方面，包括各类融资工具、融资服务机构的工作惯例和工作流程。

2. 修炼优秀的口才

优秀的口才是小公司的创始人和谈判团队成员在融资谈判时必须具备的能力。融资谈判，就是一项创始人利用语言工具进行交往的社交活动。如果小公司在谈判时能像语言大师那样精通语言，并且拥有优秀的表达能力和强化谈判语言的感染力，便能在谈判中如虎添翼。

好口才能帮助小公司在融资谈判中突出语言的艺术性，让融资谈判的语言更准确严密、形象生动，从而帮助小公司在融资谈判的过程中准确无误地表达出自己公司的核心价值，使投资人快速、正确地领悟公司的发展前景。

3. 了解要会见的投资人

不同投资人的情况也会大不相同，有的投资人也会大话连篇，夸大自己的投资实力。因此，在谈判前先对投资人进行必要的了解是十分必要的。小公司可以通过网络搜索、向圈内人员求证等方法，多了解投资人的成功案例和投资组合情况，进而推断出投资人的家底。

如果条件允许，小公司还应该对投资人提供增值服务的能力进行必要的了解，因为每个投资人在增值服务的提供上都有自己的强项和弱项，小公司可以在进行相关了解后有针对性地选择最适合自己的投资人，以便自己在融资谈判中保持主动地位。

此外，对投资人的背景进行事先了解也是非常重要的，这样可以尽可能地避免融资陷阱，保证融资活动的成功概率。

4. 准备多套谈判方案

小公司和投资人都希望通过谈判获得更多利益，最初的方案肯定是对自己最有利的，因此，谈判结果肯定不会让双方都心满意足，而是经过协商、变通、让步后的结果。在双方博弈的过程中，作为寻求资金的一方，或多或少会被投资人的强势所影响，导致融资计划偏离最初的意愿。为此，最好的办法是提前准备多套谈判方案，先拿出最有利的方案，如果投资人不同意，可退而求其次，考虑次等方案。哪些方面可以退让，哪些方面必须坚持原则，都要考虑清楚。

➢挑选合适的谈判人员

股权融资谈判是一个循序渐进的工程，涉及的知识面较广，而这些知识绝非个人所能胜任，所以，股权融资谈判需要的是一个谈判团队。

第一次融资谈判的参与人员不宜过多，除了小公司的创始人外，还可以选择公司主管市场、主管技术、主管财务的副总级人物。在选定了会谈成员后，应该先召开一次谈判前的筹备会，对每位成员在会谈中要扮演的角色进行分工安排，并要求全体成员对商业计划书有充分的了解，确保所有参与人员在谈判时能各司其职、配合到位。

谈判的主讲人最好由小公司的创始人本人担任。如果创始人的演讲能力确实非常差，也可以考虑由技术负责人担当此任。但技术负责人在进行主讲时容易过多的关注产品细节。这一点一定要在主讲前进行有效的预防。

鉴于律师职业的特殊性，最好不要让律师参与第一次的谈判，否则容易反客为主，反而让会谈判变得毫无建设性。律师的作用应该在于为下一步交易条件的达成、为当事人利益的保障提供专业服务。

➢举行一次模拟融资谈判

在融资谈判的最后准备阶段，针对即将开始的融资谈判举办一场模拟谈判是十分有必要的。模拟谈判可以帮助小公司在谈判前做好谈判方案的检验工作，及时发现自己的缺点和不足，并进行必要的修改和完善，保证正式谈判时的万无一失。

模拟谈判的主要任务应该是尽可能的去发现融资谈判准备过程中尚未解决的各种问题，帮助小公司更有针对性、更能抓住重点地利用剩余的准备时间。在这里，向大家着重推荐的一种模拟谈判的方法——电梯间演讲。

电梯间演讲顾名思义，就是利用乘客上楼乘电梯的有效时间完成一次演讲。我们都知道，乘客上楼乘电梯时的平均时间一般在 30～60 秒，要在这么短的时间内讲完一个话题，并且给听众留下深刻的印象，就要求讲演者的语言一定要非常精炼。要做到这一点，就需要讲述者对演讲内容进行精心的梳理和有效的组织。

电梯间演讲这一说法在国外非常流行。当然，这里所提倡的电梯演讲法，并不是真的要求融资者必须在 30～60 秒完成对自己公司的介绍，而是说小公司在与投资者初次见面时，对公司的介绍演讲必须简短而令人印象深刻，必须要将自己的公司发现了什么商业机会、现在为此做了哪些工作、公司的商业模式和企业融资想要干什么等重要内容，用最清晰的逻辑、最简洁的语言说出来。这个演讲，最好控制在十分钟之内。

6.3

小公司融资谈判的四大技巧

对于小公司来说，融资谈判技巧掌握的熟练程度直接关系到股权融资成功与否。想要成功拿到融资，小公司既要在融资谈判前做好准备工作，又要制定正确的谈判策略。兵法有云，“谋定而后动。”有谋略的谈判技巧，能够帮助小公司拉近与投资人的关系，打动投资人，成功获得融资。如果因为谈判技巧太生疏，而使好不容易赢来的谈判机会付之东流，岂不可惜？

既然如此，有哪些简单易学的融资谈判技巧可以助小公司一臂之力呢？据我多年的融资经验和对投资人、小公司特点的分析，以下技巧或许对小公司成功进行股权融资谈判有所帮助，如图6－4所示。

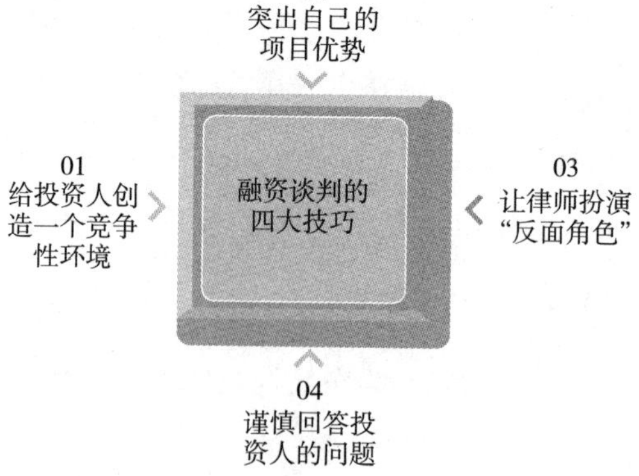

图6－4　小公司股权融资谈判的四大技巧

➢给投资人创造一个竞争性环境

竞争性环境可以让小公司在股权融资谈判的过程中掌握更多的主动权，这对公司来说是百利而无一害的。这一谈判技巧也为许多小公司所用，并取得了不错的效果。下面就来看看谷歌是如何使用这个方法成功获得融资的。

20 世纪 80 年代，拉里・佩奇和好友谢尔盖・布林创办了谷歌，专门为大众提供搜索引擎服务。谷歌刚起步时，就凭借谢尔盖・布林的个人魅力拿到了十万美元的投资，然后他们在朋友的车库里，开始了这一场伟大的战役。

谷歌很快就打开了市场，受到用户的欢迎，每天的搜索量都数以万计，没过多久就有媒体上门采访了。谷歌小有名气后，两位创始人向红杉资本的合伙人万克・莫里茨表明了自己的股权融资意向，他们的想法是拿出谷歌 20% 的股份，换取红杉资本 2500 万美元的投资。

正当红杉资本准备接受他们的融资条件时，拉里・佩奇和谢尔盖・布林同时向另一位投资机构 KPCB 公司表达了自己的意向，KPCB 公司也答应了他们的要求。但是现在问题来了，谷歌想让他们两家都给自己的投资，平分这 20% 的股份，但是两家投资公司的行事风格大相径庭，一家激进，一家保守，怎么可能和平相处？

就在谈判进入僵持阶段时，两位创始人又找到了第三家投资公司，这家公司给谷歌估值 1.5 亿美元，价格更高，融资更多。最后，红杉资本和 KPCB 各让一步，答应了谷歌的要求，双方平分 20% 的股权。

1999 年，一份融资公告在华尔街发布，造成的轰动如平地一声雷，公告中说：“KPCB 和红杉资本共同对谷歌投资 2500 万美元，两家公司平分谷歌 20% 的股份。”

红杉资本和KPCB的投资绝对是成功的，甚至可以当作投资界的标杆。谷歌成功上市后他们的股票估值高达30亿美元。但是在这场没有硝烟的战斗中，最大的赢家应该是谷歌两位年轻的创始人，他们不仅拿到了高额融资，还把主动权牢牢攥在手里。这笔钱让谷歌的发展进入了一个新时期。

谷歌股权融资的案例告诉我们，小公司在和投资人谈判时，可以多找几家投资方，营造出自己很吃香、很抢手的景象，给投资方一些压力和危机感。由于投资方之间也有竞争，小公司可以因此把自己的利益最大化。

➢突出自己的项目优势

面对投资人时，优秀的创始人都会把自己公司的发展历程以故事的形式呈献给对方，扬长避短，突出自己的优势。创始人是最了解项目或者公司的人，自己有哪些长处，有哪些不足，心里一清二楚。因此，创始人需要让投资人了解自己的项目有多优秀，多有价值，提高投资人的兴趣。

另外，投资人的时间往往非常宝贵，因此小公司和投资人谈判的时间并不多。如何在最短的时间里让投资人看到自己的优势呢？就是拿行业内成功和失败的案例作对比，通过案例说明自己的项目到底是什么？为什么值得投资？同时也告诉投资人，我是这个领域的行家，我的话值得相信。

最后，小公司还要告知投资人自己的项目或公司在行业中处于什么位置？是刚起步，还是已经成熟？年销售额多少？市场消化度有多大等。这样有利于突出自己在竞争对手中的优势，让投资人注意到自己。

➢让律师扮演“反面角色”

让律师做“坏人”，是最容易操作的谈判技巧，这也是小公司在和投资人谈判时常用的技巧。

具体应该怎么操作呢？很简单，就是让律师唱白脸，自己唱红脸。小公司在投资人面前要表现得足够出色，给投资人留下一个好印象。公司前景远大，能力强，又好相处，投资人遇到自己就是最大的幸运。但是当谈到具体的投资协议时，律师就要出面扮演这个“坏人”，协议里的条件可以适当苛刻，和谈判时达成的共识不一样。当投资人来问你时，你大可以把这个“锅”甩给律师：“真的吗？我不清楚，我要找律师了解一下，条款都是律师拟定的。”这种领军对垒的情况在融资谈判中经常出现，小公司扮演“好人”吸引投资人，而律师则扮演“坏人”保障公司的利益。其实，这就是简单的“红白战术”，“红脸”的好人一方负责在上半场给投资人留下好印象，抓住投资人的心，让投资人觉得错过自己就太可惜了。“白脸”的律师在下半场给投资人制造一些障碍，让投资方不断退步妥协。

如果投资人和你很有默契地想到一块去了使用了“红白战术”，你也不用自乱阵脚，兵来将挡，水来土掩即可。当你要使用这个方法时，一定要掌握战略战术，不要被对方看出破绽。有一点需要注意，小公司一定要找一位身经百战的律师唱“白脸”。

实际上，“红白战术”不仅可以避免投资人和自己发生正面冲突，还可以把一些自己不方便应对或者应付不了的事交给律师，分担自己的压力。

在运用“红白战术”的时候，小公司一定要分清楚“红脸”“白脸”到底是谁，避免出现角色混乱，让投资人看出破绽。请大家记住，自己是融资方，要做好人“红脸”，律师是为自己争取利益的人，要做坏人“白脸”。

➢谨慎回答投资人的问题

通过我多年的融资经验，下面几种问题是投资人经常问的，小公司可以针对我的总结做一个准备，如图 6 – 5 所示。

图6－5　投资人常问的四种问题

1. 你的企业在行业内的竞争力如何

错误回答："我的公司在行业内属于龙头老大，我从来不考虑对手的问题。"或者"我的产品在市场上独一无二，没有竞争对手。"

分析：你这样回答，会让投资人觉得你盲目自信，对行业了解不充分，没有危机感。或者，你所处的行业已经属于夕阳产业，根本没有发展前途。

参考答案："经过我们团队做出的调研，我们已经在这个行业取得了第X名的好成绩。如果有了你们的支持，我们将如虎添翼，在XX方面加大投入，争取在明年年底把销售额提高X%。"

2. 你有没有长期担任负责人的打算

错误回答："是的，这是我一手创办的公司，它就像我的孩子一样，我们离不开对方。"

分析：一般情况下，公司在不同的发展阶段，需要的创始人的风格是不同的，就算是比尔·盖茨这样的成功企业家在公司发展到一定阶段时也会功成身退。如果你这样回答，会让投资人觉得你是个占有欲很强，独断专行的人，不利于你接下来的谈判。

参考答案："我的目标是建立一家成功的公司，只要公司能够实现可持续发展，保证我的股权利益不受损害，在必要的情况下，我愿意在保证我的股东利益前提下，把位子让给更合适的人。"

3. 你的公司需要多少钱

错误回答："多多益善。"或者"您觉得多少合适?"或者"多有多的花法，少有少的花法。"

分析：你这样回答，会让投资人觉得你是个不可靠的人，你的公司对将来没有清晰的认识和规划，投资风险很大。

参考答案："经过我们团队的认真核算，第一阶段，我希望你们能提供×××投资，这笔钱我们将用来做×××；第二阶段，我们需要×××投资，我们将用来完善×××，达成最终的目标。"

4. 你如何保障我的利益

错误回答："您完全不用担心这个问题，我们公司的效益非常好，保证您的投资能获得×倍的回报。"

分析：虽然这个答案听起来非常诱人，但是在身经百战的投资人面前，显然是没有说服力的。他们都是经验丰富的投资人，对一个项目的投资回报率有自己的看法，公司如果过分自信只会适得其反。

参考答案："如果您给我们投资，我们会珍惜这笔来之不易的投资，合理利用，把每一分钱都花在刀刃上。我和我的团队非常有信心，我们的目标可以实现，保证您资金的安全，把风险降到最低。同时，我们也会积极协助您找到一个最佳退出机会，也希望您对我们的公司的管理进行指导。我们公司未来也有上市的计划，届时，还希望您能给予一定的帮助。"

6.4

小公司融资谈判的底线

所谓股权融资谈判的底线，就是你准备出让多少股份，从投资人那里拿到多少钱。投资人和我们的想法一样，都希望利用最少的成本得到最多的利益，这时双方的矛盾就产生了。如何解决这一矛盾点，就需要小公司在设置融资谈判的目标时，不能只把融资目标设置为一个。比如，你的融资目标是 5000 万元，难道少于 5000 万元的融资你就不要了吗？这显然是不对的。想要融资成功，小公司可以把融资底线分为以下三个层次，如图 6－6 所示。

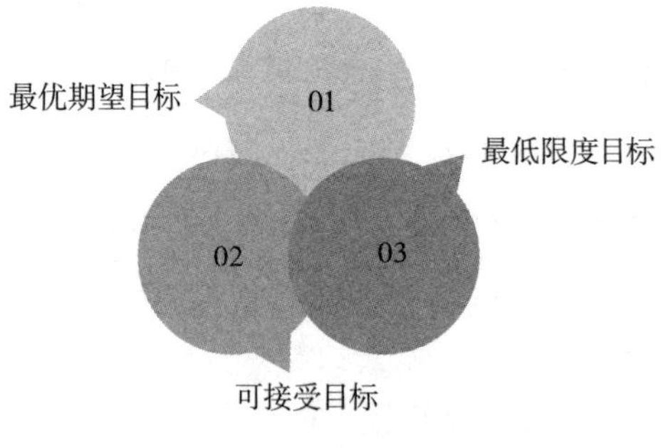

图 6－6 融资谈判底线的三个层次

最优期望目标就是小公司的最大目标。比如，你想融资 5000 万元，你就能拿到 5000 万元；可接受目标就是讨价还价的范围，只要能达到这个目标，这次融资就算成功。比如，你想融资 5000 万元，但是 3500～4000 万元也是可以接受的；最低限度目标顾名思义就是底线。比如，这次融资最少要拿到 2000 万元，如果拿不到宁可放弃，寻找新的投资人。

设定明确的谈判底线，能让融资方有一个争取方向，就算达不到预期结果，也能在可接受范围内获取更多利益。但折中方案也是有底线的。谈融资，你要表达对资金的迫切需求，但又不能表现得太过于依赖对方。你应该保持自己的主动权以及合作底线。不要为了获得资金而过分地出卖自己的利益和权利，而且底线不要太低，更不要轻易地被打破。

那么，小公司设置谈判底线后，要如何实现呢？这需要小公司懂得运用以下三个谈判技巧，如图 6 –7 所示。

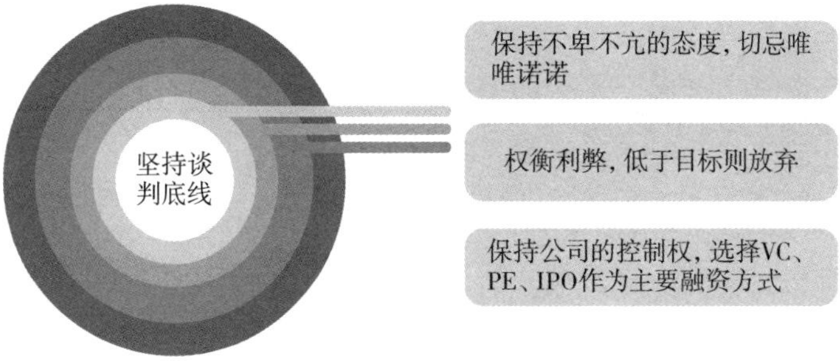

图 6 –7　小公司坚持谈判底线的三大谈判技巧

➢保持不卑不亢的态度，切忌唯唯诺诺

融资是一个双向性的商业行为，成功即是双方的共赢。在融资谈判中，双方的身份是平等的，即使小公司是“找钱”的一方，在谈判中，也要做到不卑不亢，才能保住谈判的底线。

在现实中，经常有这样一种现象：有的创始人在与投资人谈判时，唯唯诺诺，卑躬屈膝，唯恐自己哪句话惹得投资人不高兴，投资人拂袖而去。这是一种最没底气的谈判方式，即使融资谈判成功，你获得的利益也将受到损失。正确的做法是：小公司在进行股权融资谈判时，应保持不卑不亢的态度，不要被投资人的气势吓倒，从而毫无原则地降低自己的底线。

在融资谈判中，投资人为了让自己获得最大的利益，往往会使用“拖延”的伎俩，企图通过这一方法让小公司做出低价交易的让步。此时，即使你的公司对资金的需求迫在眉睫，也不能被投资人拖延的谈判伎俩吓倒。要知道，经常列举一些低价交易案例，或者夸大自己给所投资公司提供了巨大帮助的，都是投资人惯用的伎俩，为的就是击垮你的心理防线，迫使你放弃或降低底线。在面对投资人的强势时，小公司要沉着应对，以“泰山压顶不弯腰”的精神，守住自己的谈判底线。

当然，做到不卑不亢也是有技巧的，所谓“知己知彼百战不殆”，小公司应该在谈判之前做好万全的准备，掌握投资人的详细信息，比如，资信状况、注册资本状况、投资方式和流程以及过往案例等，当遇到境外投资人时，还需要了解对方的风俗习惯、忌讳、谈判风格等。这样才能在谈判时不至于被对方的气势压倒，而不知所措。做到有备无患，胸有成竹才不会被投资人看到弱点。

➢权衡利弊，低于目标则放弃

融资谈判是在维护各自利益的前提下谋求共赢。如果谈判时投资方无底线的压价，致使公司无利可图，低于基本目标，那么，也就失去了融资的意义，此时的小公司就要衡量融资的必要性了。

➢保持公司的控制权，选择 VC、PE、IPO 作为主要融资方式

在融资谈判的过程中，创始人一定要以公司未来的发展为出发点，切忌不要受到投资人的影响，坚持公司经营的独立权。在利益和估值的问题

上小公司可以适当让步，但在公司的控制权和股份比例上一定要保留绝对的控制权与话语权。关于如何保持公司的控制权和股权结构的设计，在本书的下一篇章里将会详细讲述。

为了让自己在谈判中不掉入投资人挖好的“坑”里，建议创始人在融资谈判前，看一看《中华人民共和国公司法》，可以从这本书中系统地学习和了解合资或者合作公司的操作模式，有利于在融资谈判时更清楚地了解彼此的需求。

一般来说，小公司在进行股权融资时，选择 VC、PE 或 IPO 更为合适。因为战略投资公司追求的是公司的控制权，他们总希望把被投资公司纳入其整体战略框架中，从而干涉公司的管理和经营方向。而 VC、PE 或 IPO 追求的则是利益和估值，他们投资的目的是若干年后的高额回报。

总之，股权融资谈判并不是毫无原则地放弃自己的底线，而是根据自己设定的目标有技巧地坚守自己的底线，既可以说服投资人又可以维护公司的利益。如果你一味地委曲求全，放弃自己的底线，即使得到了融资的机会，但却使公司毫无利益可言，那么，这样的融资又有何意义呢?

6.5 小公司融资谈判的四大重点

在股权融资谈判的过程中，投资人会通过争取一系列的条款来维护自己的权益，小公司的创始人也应该通过与投资人的协商，尽可能地去维护公司及管理层的利益。

为了保障自己的利益，小公司在进行股权融资谈判时，要注意以下四大重点内容。

➢公司估值：估值要合理，不能太高或太低

公司估值是股权融资谈判的关键。小公司在融资谈判中掌握合适的估值方法十分必要。在谈估值时，小公司要掌握一定的报价技巧。一般来说，报价最好要高过预期的底牌，因为投资人在进入谈判过程后，通常会不断降低估值，一个高于预期的报价能为小公司留下更多周旋的余地。

小公司在报价前首先要明确自己公司的市值，市值关系着报价的标准。以高科技公司为例，一家规模相近的上市公司盈利率为 50，那么非上市公司的市盈率就可以按照 30 计算。若这家非上市公司的年利润为 200 万美元，则小公司在谈判时的估值报价就是 6000 万美元。在谈判时，若公司没有产生利润，小公司可以在销售额的基础上，按照行业的平均利润进行估值。以制造业为例，假定行业利润超过 35%，小公司的估值就是最近一

期的销售额或预计下一年销售额的 2 倍。当然，不同的行业，计算方法也不相同。

此外，小公司还可以根据“支点价格原理”来报价。具体来说，就是以小公司的目标估值为支点，投资人给出的估值比创业者的目标估值低多少，创业者最初报价就比自己的目标估值高多少。假设小公司的目标价格是 500 万元，投资人给出 400 万元，小公司的报价就应该是 600 万元。

总之，股权融资谈判的最终结果一定是双方都认可的结果，这就对估值的合理性提出要求。投资人不会接受不合理的高估值，这就导致融资失败；小公司也不会接受不合理的低估值，投资人也会因此而浪费了好的投资机会。所以，合理的估值，是股权融资谈判的关键所在。

➢保护性条款：不束手束脚

大部分投资人并不会直接参与公司的日常管理和运营，而是通过设置保护性条款来保障自己的权益。保护性条款通常会列出涉及公司运营问题的重大事项，一旦发生这些事项，小公司必须征求投资人的同意。比如，投资人通常会设置一票否决权，即投资人指派的代表董事如果不同意公司的重大经营事项，公司就不能进行。

除了一票否决权，投资人还会设置其他的保障性措施。这是因为，董事会的法律职责是为公司的利益而工作，但公司的利益与投资人的利益也有冲突的时候，投资人还需要通过更多渠道来保护自己的利益。

杭州有一家信息管理公司的创始人王辉在股权融资谈判中，对投资人列出的五六十条包括“公司购买物资需要 60% 的优先股股东一致通过”在内的保护性措施持有疑虑。在经过与投资人多次的沟通、讨论后，王辉减少了一半的条款，在保证管理层的经营不会束手束脚的情况下达成了融资协议。

王辉的例子告诉我们，虽然保护性措施在一定程度上会干扰公司的正常运营，但小公司与投资人可以通过谈判找到合适的平衡。小公司不应该害怕保护性措施的存在，而应该通过谈判将它控制在合理的范围。其实，聪明的投资人都知道公司的成功依靠的是创业团队，即便他们拥有保护性条款，也不会否决那些对公司发展有利的重大决策。

➢拖售权：增加的拖售权限制条件

拖售权也可称为强制出售权、领售权等。它是指当公司在一个约定期限内没有实现上市，投资人有权要求主动退出，并强制性要求公司创始人股东和管理层股东与自己一起向第三方机构转让股份。

投资人之所以在退出时要求大家一起转卖股权是因为第三方出于战略考虑，接受投资人转让的股权时倾向于购买公司大多数股权，而单一的投资人一般不会拥有公司太多股权。可以说，拖售权为投资人的顺利退出提供了保障。

周士雄是广州一家软件公司的创始人，他把自己一手创建的软件公司当成自己一生的事业，从未想过要出售公司。为了做大做强企业，周士雄于2017年进行股权融资，当融资进行到谈判阶段时，投资人向周士雄提出了拖售权条款。周士雄因为担心自己的公司会被投资人联合其他竞争对手恶意收购而拒绝了投资人的要求。双方谈判陷入僵局。

针对这样的情况，是否存在一个折中方案，在保护投资人拖售权的同时为该权利增加双重条件保护小公司的利益呢？答案是肯定的，具体的可以增加的拖售权限制条件如图6－8所示。

1. 对发起拖售权的股东人数进行限制

通过限制发起拖售权的股东人数来增加拖售权的行使难度，可以与投资人协商约定半数以上的股东同意才能发起领售权。

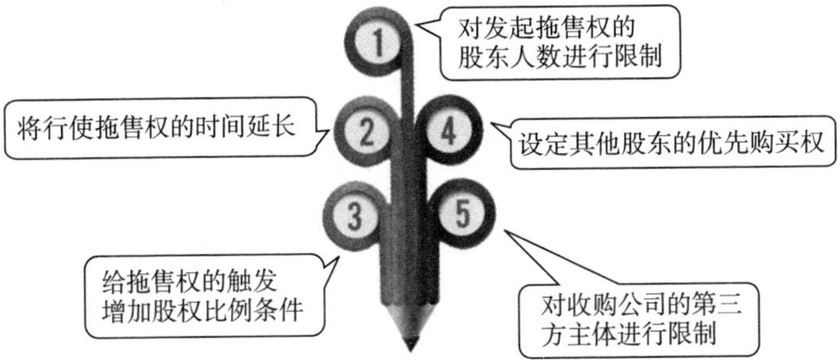

图 6－8　可以增加的拖售权限制条件

2. 将行使拖售权的时间延长

通过延长行使拖售权的时间来约束投资人，可以要求投资人不能在投资三年内使用拖售权或者约定交割五年后才启动拖售权等。此外，延长时间还可以给企业更长时间的自我发展机会。

3. 给拖售权的触发增加股权比例条件

触发拖售权条款的股权比例越高行使难度就越高，可以规定只有当发起拖售权的全部股东持有股权总计超过 2/3 以上时才可以行使领售权。

4. 设定其他股东的优先购买权

通常来说，公司的原有股东享有优先购买权。公司创始人或其他股东可以在投资人行使拖售权出售公司的股权以同样的价格和条件优先购买。避免公司被第三方恶意收购。

5. 对收购公司的第三方主体进行限制

为了防止道德风险可以限制收购公司的第三方主体。在与投资人签约时可以约定行使拖售权时购买公司的第三方主体不能是竞争对手、投资人投资的其他公司、与投资人有任何关联的公司以及个人等。

其实，图谋不轨的投资人毕竟很少，大多数投资人要求拖售权条款都是为了保护自己的权利。小公司再加上上述附加条件后，完全可以放心地接受这一条款。

➢团队期权及创始人股份行权计划：各让一步

张峰是上海一家网游公司的创始人，在进行股权融资时，吸引了一家有外资背景的风险投资机构的关注。按照国际惯例，这家投资机构要求将创始人拥有的股权设置行权计划。具体内容是限制张峰在一定期间内对持有股份的转让权，假如张峰在行权计划未满前离开公司，其持有的未行权部分将自动消失。此外，为保证管理团队为公司的服务期限，期权激励计划也会设立行权期，分几年向团队发放。

张峰对于投资机构行权计划的要求十分不解，他不明白为什么自己本身就拥有的股权不能一次性获得，却要在投资人进入后分几年获得。

事实上，投资人的要求并非不合理。行权计划的作用是为了保证张峰及其管理团队在一定期限内不能离开公司，否则将会损失一部分未行权股份，而不会对他们所拥有的相关权力造成影响。这家投资机构之所以看中张峰的网游公司，并估值较高，主要是看中了创业团队的执行力。在这种情况下，锁定团队，要求团队在未来几年内为公司的发展做贡献是融资方通常会做出的决策。

对于行权计划，该投资机构还表示，行权计划已经是他们的底线，也是他们公司的投资政策，如果张峰不同意，他们就不会投资。

最后，张峰和投资人经过谈判，最终各让一步，达成了共识：行权计划依然存在，但是将计算行权计划的起始结束时间提前。

在这个案例中，我们既看到了张峰及其管理团队对公司经营的信心和对投资人的尊重，也看到了投资机构的诚意。它告诉我们，当小公司和投资方因为团队期权以及创始人股份行权产生分歧的时候，最好的解决办法就是双方协调一致、各让一步，最大程度地保护双方的权益。

到此为止，关于股权融资谈判的策略和技巧你已经知道了很多，但你知道以上内容中最重要的是什么吗？答案是——立即行动起来。股权融资谈判并不难，如果你没有真正地去运用，那么阅读以上这些内容就纯属浪费你的时间和精力。

第7章

智者博弈：

融资尽职调查的“攻”与“防”

签署“投资意向书”后，投资人就要开始对小公司进行全面的尽职调查了。尽职调查对股权融资成功与否具有重要意义，小公司应积极配合投资人的调查行为，同时也要学会反向尽职调查，谨防“李鬼”式VC/PE。

7.1
小公司尽职调查的主要内容

犹如一对恋人在决定走进婚姻殿堂前，要将对方的道德品质、家庭背景、社会关系甚至经济状况等方面进行一番考察一样，小公司与投资人在经过前面的了解、路演、谈判之后，在签订投资协议前，也免不了要进行这种相互之间的全方位的考察。这个考察的过程就叫“尽职调查”。

在现实中，小公司对于股权融资时的尽职调查总是如履薄冰，生怕投资人查出什么而放弃对自己公司的投资。事实上，小公司在对待尽职调查时完全没必要谈“虎”色变，作为股权融资过程中的一个环节，尽职调查对于小公司与投资人建立更好的长期合作关系十分有利。

➢什么是尽职调查

所谓“先知而后行，行必有所为。”要正确应对投资人的尽职调查，首先我们要对股权融资的尽职调查作一个全方位地了解。

股权融资的尽职调查，英文叫 Due Diligence，俗称 DD，是指投资人或投资机构从法律、财务、组织管理等多个角度对小公司进行的综合性调查，一般由投资人或投资机构主导，公司配合，其目的是为了核实融资公司所提供的融资资料的完整性和真实性，确定融资公司的投资价值，全面揭示投资风险，保证投资人在掌握充足信息的基础上做出合理的投资决策。

一般来说，股权融资的尽职调查是在经过条款清单谈判，投融资双方就条款清单的内容达成一致意见并签署条款清单之后开始的。这是因为在签署条款清单之前，双方合作的意向尚不明朗，小公司为了不泄露公司内部的重要信息，不会向投资人毫无保留地暴露自己的家底，而投资人对还未达成明确投资意向的公司也不会花费精力进行详细调查。

事实上，作为促成双方合作成功的重要环节，并不是所有的小公司都能够正确理解尽职调查的重要性。很多小公司都错误的认为尽职调查是投资人对自己的不信任和有意刁难，对于尽职调查也总是抱着消极抵触的态度。这种态度是非常危险的，它很可能会导致融资的最终失败。对于小公司来说，应该正确地看待尽职调查。

通常情况下，投资人对公司的尽职调查会持续2 ~4 个月，有的甚至会长达1 年。根据不同公司投资金额的不同和融资公司具体情况的不同，尽职调查所涉及的事项多少、范围大小、持续时间的长短也会有所不同。总体来说，一场完整的股权融资尽职调查需要投资人投入大量的时间和人力，会拉长交易时限并增大交易成本，但对投资人和小公司来说，这些都是值得的。

➢尽职调查的意义——公司能不能投资和是否值得投资

尽职调查对融资成功的重要意义主要表现在以下两个层面，如图 7 －1 所示。

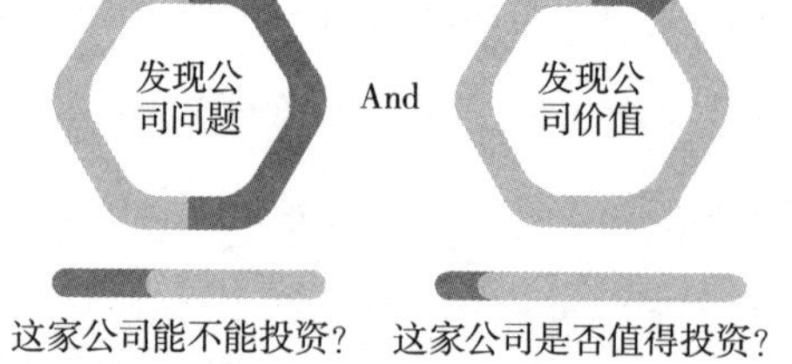

图 7 －1　尽职调查对股权融资的意义

1. 发现公司问题，确认公司能否投资

投资人在融资的前期阶段可以通过多种途径来了解融资公司。比如，阅读公司提供的商业计划书，到公司实地走访，对公司进行产业分析及市场分析，与小公司的创始人深入对话等。但这些途径都无法让投资人做出最终的投资决策。

能够帮助投资人发现公司问题、确认公司能否投资的关键步骤是进行尽职调查。

2. 发现公司价值，评估公司是否值得投资

投资人在对公司进行尽职调查时，会解决诸如公司的商业计划书是否有吹嘘夸大的情况，公司的管理团队是否如创始人自己所述那样团结一心、值得信赖，公司提供的财务数据以及未来的财务预测是否真实公允等在内的一系列问题。一旦这些问题得到了满意的答案，甚至超出预期，投资人就会达成投资意向。

因此，尽职调查的另一个重要意义就是帮助投资人发现公司的价值，评估公司是否值得投资。

➢尽职调查的主要内容——创始团队和财务

具体来说，投资人主要会从创始团队和财务两个方面对小公司进行尽职调查，调查内容如图7－2所示。

1. 创始团队

投资人对于小公司创始团队的调查，体现在以下四个方面：

（1）创始团队人格调查。

做好创始团队的人格调查是最简单、成本最低的规避小公司拿到投资后逃跑风险的有效方法。对创始团队的人格调查包括对每个成员的犯罪背

景和信用进行调查，毕竟，没有一个投资人会愿意让一个有过盗用公款前科的人来掌管财物，也不会希望一个有过拖欠贷款记录的人来带领团队。

从小公司的角度出发，如果创始人或合伙人有过轻罪记录或是有过金融违规等信用问题，也大可不必惊慌。因为我们每一个人都不能保证自己一辈子都不会犯错，俗话说“知错能改，善莫大焉。”在投资人对公司进行尽职调查时，与其遮遮掩掩被查出来后被动说明，不如坦然接受主动解释，给投资人留下一个坦荡的良好印象。

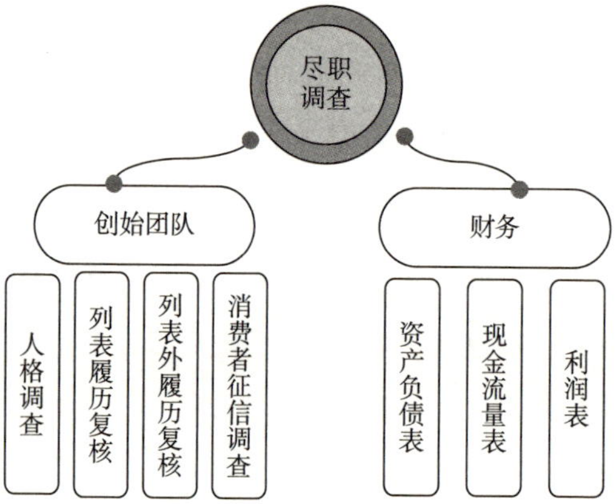

图7－2 股权融资过程中尽职调查的主要内容

（2）列表履历复核。

在做尽职调查时，投资人通常会要求小公司创始人提供一份充当推荐人角色的联系人名单，这些人将会对小公司创始人的信誉和专业技术水平做出担保。列表履历复核主要就是看这些第三方推荐人对小公司创始人的评价。

如果小公司创始人找不到推荐人会让投资人觉得你的能力不足。即便是找到了推荐人，如果推荐人的赞美只是轻描淡写地一笔带过、无法体现出小公司创始人的魄力和品质，结果也可能不尽人意。

因此，找准推荐人十分重要。对小公司创始人来说，最理想的列表履历复核是业内知名人士的举荐。必要时，一个口才好的下属也能发挥积极作用。

此外，小公司创始人还要明确推荐人是否会对自己做出“他比较难相处”“他有点固执己见”等负面的评价，推荐人在投资人一再的追问下暴露出创始人某些不足的现象也很常见，影响一般不大。因为这种情况下所说的不足基本无伤大雅，投资人不会因此让创始人直接出局。有些投资人甚至更愿意通过发现创始人的某些不足而去更好地了解其人格。

（3）列表外履历复核。

在尽职调查中，投资人除了会根据小公司创始人列出的联系人名单看推荐人对创始人的评价外，还会通过网络去掌握小公司创始人的社会关系后再列出一份联系人名单，然后分别拜访他们，掌握小公司创始人的相关情况，这就是列表履历复核。

投资人通常会更重视列表外履历复核。他们认为一个处于积极转折点的小公司在遭遇挑战、急需资金的时候是很难通过列表履历复核获得创始人的真实信息的。

很多小公司的创始人对列表外履历复核非常担心，害怕投资人会找到曾经炒自己鱿鱼的人或者死对头。这种担心是多余的。阅人无数的投资人都清楚，没有人是无所不能的，他们进行列表外履历复核的工作不是为了揭人老底，而是为了寻找最佳的合作对象。

其实，每个投资人都有自己的一套标准，赞赏什么样的品质或者认为哪些性格需要摒弃，列表外履历复核工作更像是一种模式识别。通常来说，投资人列表外履历复核会从以下几个方面对小公司创始人进行考察，如图7－3所示。

- 个性是否让人难以接受？

投资人需要知道小公司创始人是否容易相处，但不会据此做出投资与否的决定。毕竟，个性的好坏并不能决定创始人能否取得重大成就。乔布斯和比尔·盖茨年轻时性格都让人抓狂，但仍然取得了成功。

- 性格是否偏执?

一个优秀的创业团队应该始终保持“再不行动就要出局了”的意识。因此，很多投资人都认为偏执是小公司创始人必须的特征，他们要的就是那些致力于用最短的时间获得最高效益的人。

- 是否具有全局意识和远见?

相比于超高学历和履历表上是否有蓝筹公司，投资人往往更看重小公司创始人的全局意识和远见，这关系着小公司创始人是否对市场有超乎常人的敏锐洞察力、是否能准确预估市场未来五年的趋势。

- 对竞争的认识是否充分?

能否充分认识面临的最大竞争力是判断小公司创始人成熟与否的重要依据之一。对小公司创始人而言，最大的竞争力并不是风险投资机构力捧的明星创业公司或者哪个富有的创业者，而是市场的需求是否能长期持久。

总之，小公司创始人在面对列表外履历复核时，唯一能做的、也是最好的应对方法就是做好自己。

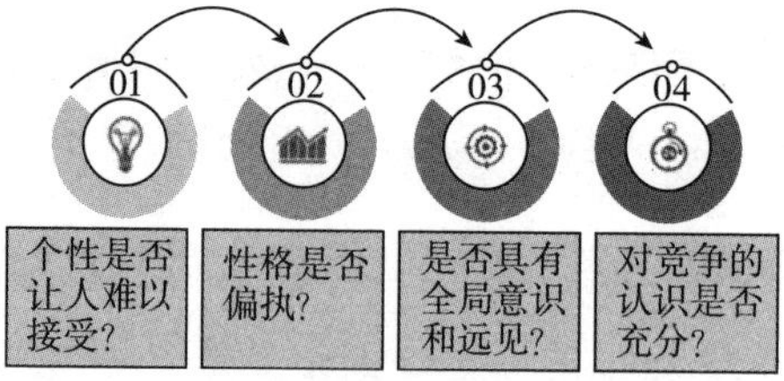

图7-3 投资人列表外履历复核重点考察创始人的四个方面

（4）消费者征信调查。

消费者征信调查就是投资人选择性地接触一些产品的目标消费者，听取他们对小公司的评价。一般来说，消费者不冷不热的评价将降低投资人对小公司的认可程度，对小公司产生不利影响。这时，小公司可以提醒投资人多关注公司的长期合作伙伴，因为他们对小公司做出积极评价的概率更大。

通常，当投资人完成了上述列举的调查后仍然具有投资倾向，他们会将调查反馈交给你。此时，你的回应方式将成为影响投资人决定的关键因素。此时，你需要对评价是正面还是负面做出判断。在面对负面评价时，千万别带有敌意，也不要做过多的解释，而应该巧妙地用一些问题一笔带过，或者尝试换一种角度说明那些“负面评价”的优势。

2. 财务

作为投资人尽职调查的重要内容——财务，往往能反映出公司的经营现状以及存在的问题。在尽职调查前，小公司一定要做好财务方面的准备工作，提前整理好财务报表等投资人一定会查看的资料，以免到时候手忙脚乱，给投资人留下不好的印象。

在调查公司财务的过程中，投资人主要会看小公司的三大财务报表，即资产负债表、现金流量表、利润表。

通常，投资人会聘请会计师事务所来对小公司的财务进行调查，面对专业的团队，什么样的财务报表才算合格呢？下面就以收支表为例来具体分析。

（×）不合格的收支表，如表7－1所示。

表7－1　某公司不合格的收支表

支出类目	行政	项目	运营
支出金额			

大多数的投资人都是“处女座”，他们最不愿意看到的就是这类一张纸以蔽之，仅仅简单说明一年大概收支的财务报表。

（√）合格的收支表，如表7－2所示。

表7－2 某公司合格的收支表

		10月	11月	12月	1月	2月	3月	
行政开销	房租							
	工资							
	日常运营							
项目开发	制作							
	导演							
	舞台							
	演员							
商业运营	北京演出							
	上海演出							
	合计							

一张合格的财务报表应该如表7－2所示，详细到月、甚至周的各种支出，基于时间轴、项目轴进行对比，让投资人都能一眼看透公司未来的流程和变化。

此外，为了让支出看起来更有层次感，可以用逻辑清晰的饼状图（如图7－4所示）来表现各大支出项目占总支出的比例。

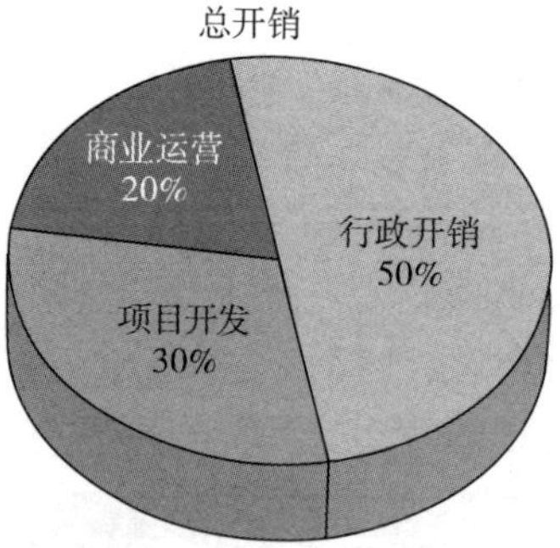

图7－4 用饼状图来表现各大支出项目占总支出的比例

需要注意的是，千万不要为了拿到融资而向投资人提供造假的财务报表。投资人一般都具有一双“火眼金睛”，一旦他们识破了你拙劣的伎俩，你可能就永远失去了融资的资格。

7.2

小公司该如何应对 VC/PE 提出的三大问题

通过分析成功案例，并结合自己的融资经验，我总结出投资人在尽职调查过程中经常会问到的三大问题。小公司可以对此进行了解然后做提前准备。

➢你如何使想法变为现实

“你如何使这个想法变为现实?”是投资人在尽职调查过程中最喜欢提的问题之一。对于这个问题，小公司创始人的回答是否足够细致并不重要，重要的是要让投资人感觉踏实并产生信任感。

具体的回答步骤，小公司创始人可以参考如图 7－5 所示。

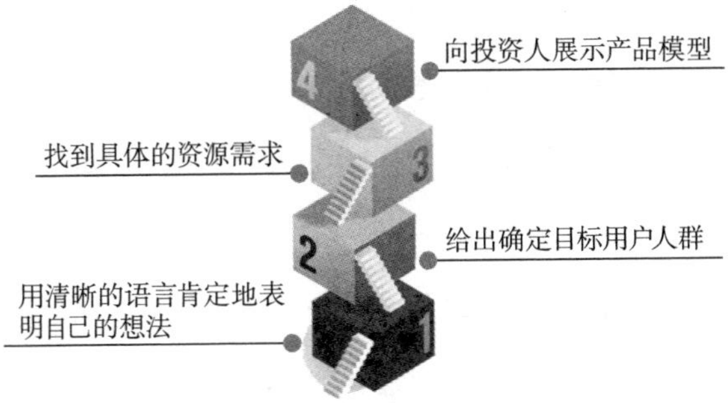

图 7－5 回答“你如何使想法变为现实”的步骤

第一步：用清晰的语言肯定地表明自己的想法。

只有让投资人充分了解你的想法，才能让投资人对想法感兴趣。小公司的创始人在描述产品时，语言一定要精准，避免使用“有点像”“似乎是”等字眼。此外，小公司创始人的描述还要能够激发投资人的想象力。

第二步：给出确定目标用户人群。

在回答这个问题之前，你应该明确：“我的产品/服务有哪些早期用户?”“大家是否愿意选择我的方案代替其他方案?”“谁愿意为我的新产品花费时间和金钱?”，这些问题能帮助投资人明确你公司真正的目标用户。如果你在回答时，忽略掉目标用户人群，而是说“每一个人都可能是我的潜在用户”，会给投资人留下过于自大的不良印象。

第三步：找到具体的资源需求。

如果你对实现想法过程中需要的资源了如指掌，你的回答将更有说服力。具体来说，就是你想要从哪里开始实施计划、是否需要建立一个网站、是否需要不断扩充团队等。

第四步：向投资人展示产品模型。

模型无论是对产品还是对服务都至关重要。作为从想法到现实的中间环节，物理模型代表着小公司创始人对产品的清晰认识和理解，如生产需求、功能、可靠性等。

小公司创始人若按照以上步骤回答“你如何使想法变为现实”的问题，一定能得到投资人的肯定。

➢你如何应对潜在的激烈竞争

大部分投资人认为，与小公司谈论竞争话题时的收获是最大的。投资人会通过小公司的回答来判断他们是否对市场进行了细致入微的分析、对市场驱动力是否具有清晰的认识以及在竞争中取胜的可能性。因此，“你如何应对潜在的激烈竞争?”是投资人最喜欢问的第二个问题。

在回答这个问题之前，小公司创始人首先应该充分地认识市场竞争。一般来说，市场参与者可分为市场领先者、市场挑战者、市场追随者、市场补缺者。你想要成为一名追随者？还是成为一名补缺者？或者成为一个勇敢的挑战者？这是摆在小公司创始人面前的三个不同选择。

其次，小公司必须要慎重选择竞争对手，集中全部资源，瞄准一个对手，将其打败。作为一名著名的企业顾问，贾森·詹宁斯（Jason Jennings）在他的畅销书《大处着眼小处着手——伟大的公司如何创造杰出的业绩》中明确指出：新进企业进入到市场试图满足市场的全部需求，并且与全部人竞争是不可行的，这完全是一个鲁莽且致命的行为。

如果小公司找不到或者找错了竞争对手，公司的资源就不能有效地集中利用。选择竞争对手也是一门学问，在激烈的竞争中，小公司通常可以选择同行中最弱的公司为竞争对手，占胜他，然后一步步向前列靠拢。具体来说，小公司在选择竞争对手时，需要考虑以下三个方面，如图7－6所示。

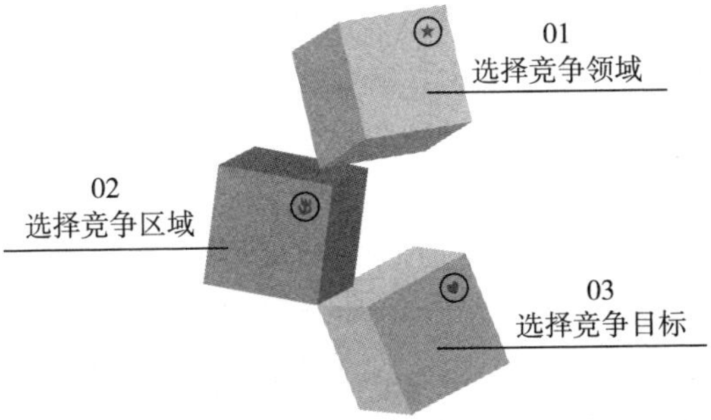

图7－6　小公司选择竞争对手需要考虑的三个方面

1. 选择竞争领域

即使是同一个行业也会划分成不同的细分市场。小公司对于细分市场的具体选择，可以将自己的竞争对手锁定在这个领域内。

2. 选择竞争区域

对于小公司来说，在全国甚至全球范围内的不同区域应该有不同的竞争对手，竞争对手应该是有层次的。

3. 选择竞争目标

小公司对于未来发展的某种预期就是公司的愿景，它决定着公司为之奋斗的目标。小企业在努力达成奋斗目标的过程中会遇到许多竞争对手的阻碍，最主要的阻碍来自于最大的竞争对手，即目标相同的公司。

以上的三个方面可以帮助小公司明确自己的竞争对手是谁。在弄清楚竞争对手的身份后，小公司还应该全面地去认识竞争对手，包括在哪个领域以及实现目标的压力是什么，这样才能对投资人提出的关于竞争的问题做出完美的回答。

➢你想过营销的问题吗

“你想过营销的问题吗?”是投资人在尽职调查中喜欢提的第三个问题。对小公司来说，对市场营销的考虑应该和公司的创始同步。毕竟，无论公司对产品多么推崇、多么狂热，销售才是实际。

小糊涂仙酒在澳门上市时选择了一种非常新颖的营销方式，它没有选择大打广告的传统营销方式，而是在充分分析了当地交通路窄、人多、行车慢，交通工具以摩托车居多的特殊情况后，选择运用新型媒介做广告。他们将小糊涂仙的 LOGO 和广告语印在了在澳门街头随处可见的摩托车头盔上，这种独特的营销方式也让小糊涂仙在一夜之间成为了家喻户晓的品牌。

将自己培养成为一个名副其实的营销人，是小公司创始人在回答投资人关于营销的问题前必须要做的事情。上述小糊涂仙酒的营销案例告诉我们，一个合格的营销人应当具有以下几种品质，如图 7 - 7 所示。

图7－7　一个合格的营销人应当具有的品质

1. 有创新的态度

随着市场竞争的日益加剧，产品与营销手段也在不断趋于同质化，小公司如果不能想出出奇制胜的招数，其产品就很容易被淹没于众多品牌之中。创新的作用就像营销界流传的那句话一样：“策略即使不能惊天地、泣鬼神，至少也要砸晕一帮人。”我们说，态度决定行为，小公司应该形成“不鸣则已，一鸣惊人”的思维方式，并把这种推陈出新的态度保持下去，直至成为一种本能。

2. 与时俱进，紧跟时代潮流

创新并不是靠发散思维的凭空想象，想当然的东西不能称之为创新，营销人应该吸收各种各样的新鲜有价值的营销理论，来培养自己的创新技能。

罗马不是一天建成的，掌握融会贯通的成熟营销创新技能也不能期望一蹴而就。对于小企业来说，应该博采众长、不断去吸收最尖端的知识、学习最新锐的理论和实践。只有做到这些，小公司才能时刻补充新鲜血液去维持思维创新所需的营养，才能通过长期的自我学习和磨炼，不断提高自己的思维能力、形成独特的创新理论。

3. 避免赶往思维定式的误区

营销策略的创新可以为公司的正确抉择提供有益的外部刺激，帮助公司在市场上占据有利地位。一般来说，营销策略的创新与广告创新并不一样，广告创新可以天马行空、无拘无束，而营销策略的创新必须经过严密的整合后才能应用于现实。小公司要想实现营销策略的创新，就必须摆脱常规思维的束缚，充分发挥个人的主观创造性。

4. 借鉴其他的创新营销模式

随着时代的发展，传统的营销模式已经逐渐被市场淘汰了。在当前开放的市场上，网络传播与新媒介的盛行使得用户形成了喜新厌旧的习惯，小公司在营销的过程中还应该多借鉴其他的创新营销模式。

总之，当小公司的创始人及核心团队成长为真正的营销人、拥有了丰富的营销知识和极强的专业策划能力后，回答起投资人与营销相关的问题时就能得心应手。

以上，我们详细分析了投资人在尽职调查过程中可能会问到的三个问题，小公司要想在投资人的尽职调查中表现得更好、更专业，就认真地把这三个问题按照本节的讲述过一遍，相信你会在尽职调查中，面对投资人的提问，回答得游刃有余。

7.3

如何进行反向DD，谨防“李鬼”式VC/PE

正如融资是投资人与小公司间的双向选择的一样，尽职调查也应该是双向的。在投资人对小公司进行尽职调查的同时，小公司也可以对投资人进行反向尽职调查。

几年前，在买方市场还未形成时，公司对投资人进行反向尽职调查几乎是不可能的。那时候的融资者，只要能融到资，便感激涕零了，谁还敢提出反向尽职调查的要求？但随着我国投资人及投资机构的井喷式发展，投融资的地位也发生了变化，买方市场的地位得到了提高，投融资变成了一种双向选择的行为。

尽管如此，许多小公司在融资时，还是像之前那样抱有“谁愿意投我，我都可以”的态度，不懂得去挑选适合自己、能给公司带来真正价值的投资人。实际上，谁愿意花更多的钱投资你的公司很容易便能看出，而哪个投资人更适合你却需要花时间、花精力、找渠道、用方法去考察。这个考察的过程就是小公司对VC/PE进行的反向尽职调查。

在近几年涌现出来的投资大军里，经常会出现一些抓住融资者只看投资金额和投资速度的弱点，采取各种方式欺骗融资者的投资人，业内把这种投资人称为“李鬼”式PE。小公司在融资的过程中对VC/PE进行反向尽职调查是严防“李鬼”式PE的有效途径。

➢常见的“李鬼”式PE陷阱及应对技巧

知己知彼，方能百战百胜。要想避免“李鬼”式PE陷阱，小公司首先应该弄明白什么是“李鬼”式PE陷阱。一般来说，“李鬼”式PE陷阱主要有以下几种。

1. 获取公司机密数据

一个互联网公司，在最艰难的时候曾经有一位投资人向它抛出了橄榄枝，当时互联网公司的创始人毫无防备地选择了信任投资人，结果遭遇了投资人的背叛，被套走了很多商业机密。

这种被投资人骗走公司机密数据的例子在创投圈十分常见。有些创业者想创业却没有好的创业项目，就采取假扮投资人的方式寻找与自身匹配的项目，等到盗取了项目的各个流程和核心要点后，便果断退出，另起灶炉。

小公司在与投资人接触时一定要事先建立防范机制，特别是在与陌生的投资人接触时。一般来说，知名投资人因为有名誉背书，一般不会做出违背行业规则的事情，但陌生投资人就不一定了。

小公司可以通过以下三个方面对投资人建立事先防范机制，如图7－8所示。

（1）与投资人沟通交谈时保持警惕。

小公司在与投资人就项目展开交流时，应对投资人进行评估后再决定是否需要讨论核心内容，千万不能为了尽快拿到融资而随便吐露细节。

（2）与投资人签订保密协议。

小公司保证公司的商业机密不泄露的一个重要途径，就是与投资人签订保密协议。通常，保密协议的内容应该包括“双方因投资意向关系获得对方未公开资料仅限于指定用途，未经对方许可不得用于其他目的或者向第三方泄露”“在和该公司接触期间乃至投资之后，不可以同时接触或者再投其他竞争对手”两方面的内容。

（3）用法律维护自己的权益。

双方签订保密协议后，投资人一旦违反了保密协议中的条款，小公司可采取相应的法律措施维护自己的权益。即使双方没有签订保密协议，若发生投资人盗取公司机密的情形，小公司同样可以拿起法律武器保障自己的合法权益，具体可参考《中华人民共和国合同法》第42条规定。

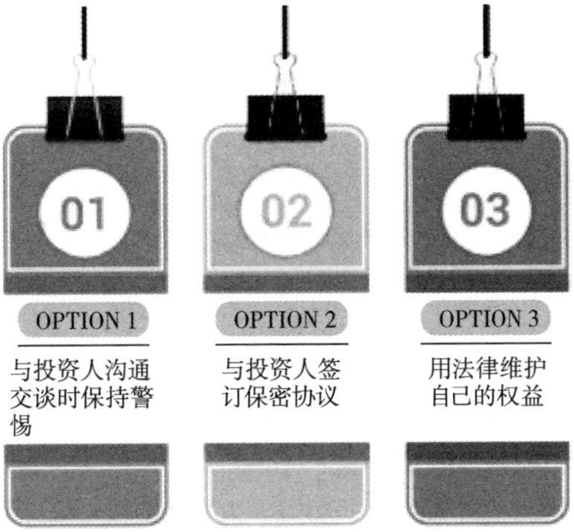

图7-8　小公司对投资人的事先防范机制

2.“跳票、放鸽子”

2015年1月，任斌创立了国家首家医药O2O公司药给力，2015年6月，药给力完成了数千万的股权融资，2016年5月18日，在不到一年的时间内，药给力便暂停了送药业务。

关于暂停原因，药给力市场总监连家兴在《“1小时送药上门”业务暂停/药给力我依然爱你》的公告中说：“从去年12月到今天，一直把宝押在一家已经能确定投资的传统药企，连投资协议都走完了，变卦其实只在一夜间，但调整已经来不及。”

同样遭遇过投资人跳票的还有口袋购物的创始人王珂。当年，红杉在成为王珂的主投资人后便失去了消息，当王珂意识到自己可能被放了鸽子后，果断结束了与红杉的合作，转而投向了经纬。

以上的案例告诉我们，在投融资过程中，投资人在签订了投资条款清单后又决定不投资的情况十分普遍。公司发生变故、投资资金短缺、投资人发现了更好的项目、投资人在尽职调差过程中发现了项目的一些问题，这些都会导致投资人的“跳票、放鸽子”。

通常，投资人在投资时会采取广泛撒网、重点捞鱼的策略。这种策略对于融资公司是非常不利的，因为一旦错过了最佳的融资时机，公司很可能便错过了最佳发展时机。

关于应对投资人跳票的策略，YY 语音创始人李学凌曾给出了“用 100 万美元作为尽职调查保证金”的建议。用 100 万美元作为保证金约束投资人，同时作为过桥贷款的办法固然很好，但现实中除了那些明星创业公司，当面对强势买方的投资人时，谁又敢用呢？

其实对于投资人放鸽子的行为，很多业内人士都认为，在签订最后的投资协议前，融资公司和投资人谁反悔都是允许的，小公司应当有心理准备。

3. 要求对赌

很多小公司直到项目的后期才会因为投资人过高的利益追求，给公司造成了影响才意识到自己找错了投资人，而在股权融资的前期，他们往往只看重资金的喜人，从而忽略了投资人给予资金的动机。

国内医院传媒网络炎黄健康传媒的创始人在融资时与投资人签订了对赌协议，后来，创始人因为公司业绩不好对赌失败了，但创始人拒绝执行协议，双方发生了内讧。2017 年 10 月，以软银赛富、兰馨亚洲投资基金、汇丰直接投资为主的一众投资人召开董事会罢免了该创始人的职位。

炎黄健康传媒的案例让我们看到了对赌条款给公司带来的巨大风险。一些小公司为了尽快融资，在与投资方签对赌协议时并没有做好公司未来的规划，当公司的扩张没有达到投资人的预期时，便会和投资人发生冲突，产生诸多对自己不利的后果。

面对有风险的对赌条款，小公司必须做好防范，通常可以从以下几个方面着手，如图 7－9 所示。

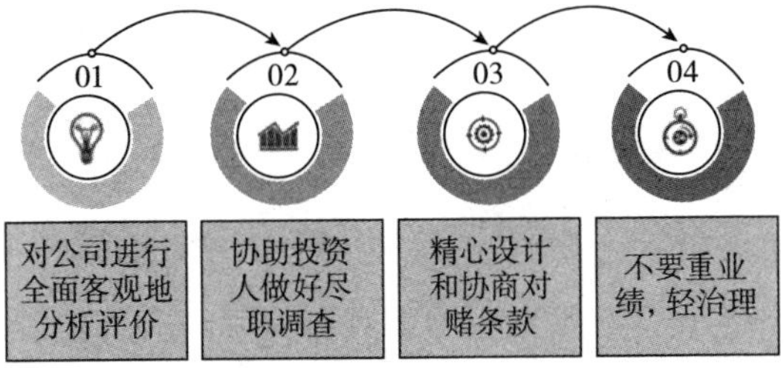

图 7－9 防范对赌协议风险的措施

（1）对公司进行全面客观地分析评价。

小公司要对公司的历史、现状及未来业绩等做出全面客观的分析和评价，这样有助于小公司向投资人报出力所能及的合理预期增值数据。

（2）协助投资人做好尽职调查。

尽职调查是一种降低风险的有效措施。它可以帮助投资公司筛选目标公司，降低投资风险。小公司应该协助投资人进行尽职调查，以保证双方在共同受益的前提下设定对赌条款。

（3）精心设计和协商对赌条款。

小公司可以聘请专家来审核投资人的对赌协议条款，并和投资人约定一个向下浮动的弹性标准。

（4）不要重业绩，轻治理。

公司的经营管理水平是保证公司持续稳定发展的前提，如果小公司为了完成被迫与投资人签下的对赌目标，只重视业绩而忽视底层建设，公司发展自然不会长久。

再次提醒小公司：对赌协议风险巨大，一定要谨慎而为。

➢从哪些方面对 VC/PE 进行反向尽职调查

知道了“李鬼”式 PE 惯用的手段，小公司应该从哪些方面对 VC/PE 进行反向尽职调查呢？小公司可以从以下三个方面对 VC/PE 进行反向尽职调查，如图 7－10 所示。

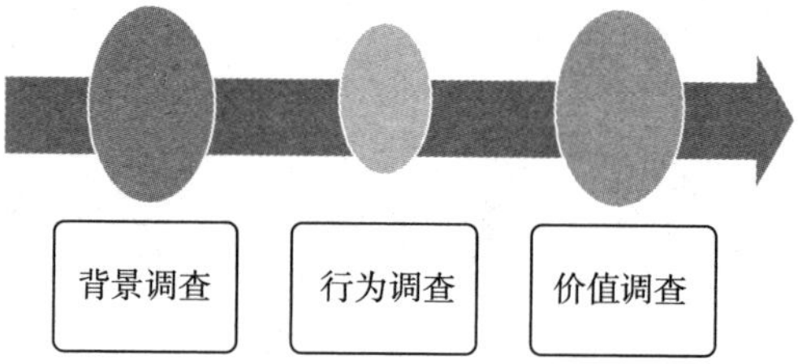

图 7－10　小公司对 VC/PE 进行反向 DD 的三个内容

1. 背景调查

投资人的背景是小公司在对 VC/PE 进行反向尽职调查时的第一选择，它包括：投资机构是什么时候、在什么地方、由哪些人成立的？成立之后有什么发展？投过哪些公司？这些公司从资本进入起有什么发展？

背景调查可以帮助小公司弄清楚 VC/PE 是否合规合法，是否能给公司带来价值。此外，银监会一般会在公司 A 股上市时要求披露最上面一层的股东，对 VC/PE 的背景调查可以帮助公司尽早准备好这些披露要求。

2. 行为调查

了解投资机构在投资方面的做事方式即行为调查，例如，是想控制公司，还是撒手不管？是与公司共患难，还是“大难临头各自飞”？

从引入一个新股东到 IPO 上市、股东退出要经过一个很长的时间周期。在此期间，如果投资机构与小公司不能和谐共生，总是产生矛盾，甚至闹上法庭，影响到公司的经营发展。因此，对投资机构的行为调查至关重要，小公司千万不要忽视。

3. 价值调查

对投资机构的价值调查主要包括：投资机构能为公司带来哪方面的价值，是业务方面的，还是上市运作方面的。

小公司在进行价值调查时，不能光听投资人的一面之词，而应该查看投资机构的其他投资案例和合伙人团队，重点要弄清楚投资机构的合伙人团队的人数与他们所投资管理的公司数量是否匹配。合伙人较少、一个合伙人要管理几十家公司的投资机构即使再有人脉资源和能力，也无法为你的公司带来价值，因为他们没有时间和精力。

➢通过哪些渠道对 VC/PE 进行反向尽职调查

当有了调查方向后，小公司就可以分两步来对 VC/PE 进行反向尽职调查了：第一步，把想要了解的东西列一份清单，让投资机构针对这些问题进行回答；第二步，根据公司的实际情况，针对核心问题，去找相应的渠道核实。

在这个过程中，寻找合适的核实渠道非常关键。下面向大家介绍两个对于 VC/PE 的反向尽职调查渠道，如图 7 – 11 所示。

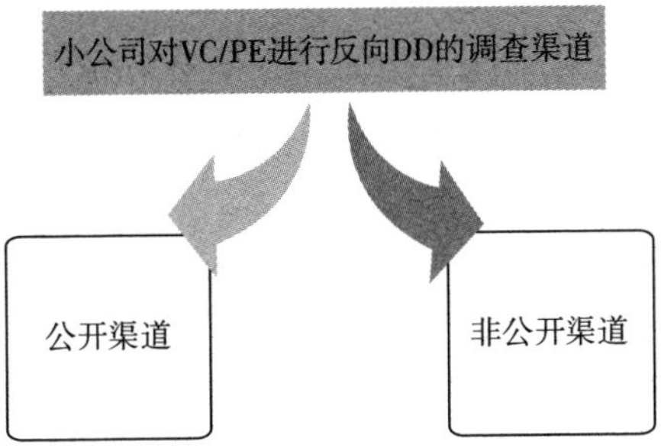

图 7 – 11　小公司对 VC/PE 进行反向 DD 的调查渠道

1. 公开渠道

政府管理部门、媒体、网络、行业协会等都属于公开渠道。

工商局和发改委是十分可靠的调查渠道，到工商局或发改委去调查投资人的背景资料可以很大程度地筛出假 PE 和“李鬼”式 PE。因为在我国，不管什么样的投资机构都必须在工商局注册，而五亿元以上的投资机构又必须在发改委备案。

如今，很多小公司在对投资人或投资机构进行反向尽职调查时喜欢借助于网络。需要注意的是，对待网络和媒体报告，一定要慎重。因为很多投资机构的排名都是可以通过赞助或花钱购买获得的。

同时，小公司在对投资机构进行反向尽职调查时，不要过分看重投资机构在行业协会里的地位，比如，是否是会长单位、理事单位等，这些挂名通常也是可以花钱获得的，并没有实际的意义。

2. 非公开渠道

投资人、合作伙伴、曾经投资的公司等非公开渠道，也是了解投资人或投资机构的有效途径。但是，这些渠道对于小公司来说一般不容易接触到。通常，小公司可以要求投资机构自行提供几家供你查询。此外，小公司还可以通过会计事务所、律师事务所寻求帮助。

7.4

小公司签订融资协议需要注意的三大细节

当 VC/PE 对小公司进行尽职调查后，如果不出意外，调查结束后，双方就会敲定正式的融资协议。融资协议是具有法律效力的，因此，小公司应该谨慎对待，以免功败垂成。本节将对签订融资协议时，小公司要注意的事项做一个讲解。

➢正确应对融资协议里的“保护性条款”

在融资协议里，投资人为了保护自己的利益一般会设置保护性条款，这个条款要求融资公司在执行某些潜在可能损害投资人利益的事件之前，要获得投资人的批准。实际上就是赋予投资人一个对公司某些特定事件的否决权。

投资人以小股东的方式投资，要求保护性条款也是情理之中，以防止其利益受到大股东的侵害。但投资人对保护性条款的行使，会对公司的正常运营产生一定的干扰。比如，投资人可能会借助保护性条款恶意否决公司正常的经营活动，或者阻止新的投资人进入。所以，小公司在签融资协议时，要仔细查看是否有保护性条款。如果有的话，要谨慎设计，与投资人协商，切不可盲目签字。

小公司正确应对融资协议里的保护性条款，可借鉴下面三个要点，如

图7－12所示。

图7－12　小公司正确应对融资协议里的“保护性条款”的三大要点

1. 尽量减少保护性条款的数量

在保护性条款中，投资人会要求对公司的一系列事件拥有批准的权利。小公司要与投资人协商，力争减少这些事件的数量。

如果投资人硬要求对更多事件拥有决定权，小公司也有其他处理方法。比如，小公司可以要求公司运营达到一定阶段之后就可去除某些保护性条款；把投资人要求的某些保护性条款变成“董事会级别”，批准权由投资人的董事会代表在董事会决议时行使，而不由投资人的优先股投票。

2. 争取条款生效的最低股份要求

很多保护性条款都明确或隐含地要求，只要有“任何数量”的优先股在外流通，保护性条款都有效。比如，如果因为回购或转换成普通股，优先股还有1股在外流通，保护性条款仍然有效。显然，这对小公司来说是非常不利的。在签融资协议时，可就此条款申明：在外流通的优先股要达到一个最低数量或比例，保护性条款才能生效。

3. 设计保护性条款的失效条件

给保护性条款一个约束，如果投资人投资了公司的竞争对手，对公司经营造成了影响，保护条款就不能执行，以此约束投资人规范操作。

➢把注意力放在融资条款上，而不是公司估值上

关于这一点，我们先通过一个案例了来解一下：

张晨峰创立了一家在智能电器行业有明显竞争力的公司，并且已经有天使投资人向他表明了自己的投资兴趣。这位投资人估值张晨峰的公司为2000万元，他愿意出资500万元，占25%的股份。

有了这500万元，张晨峰和他的合伙团队在实验室干得如火如荼，产品小样成型后，张晨峰拿着产品小样接触了很多投资人，大家对他的项目都很满意。

张晨峰非常在乎股权稀释这件事，但是还是想要把公司的估值抬高一点。这时，有一家风投公司给张晨峰的公司估值为5000万元，并且愿意出1000万元，占20%的股份。由于风投公司的估值比较高，因此，他们要求享有优先清算权以保障自己的利益。

张晨峰对这个估值非常满意，这一次投资人只稀释了20%的股份，天使投资人也很高兴，以为他只用了别人一半的钱，就获得了一家前途无量的公司25%的股份。根据最新的融资协议，天使投资人的资本已经上涨到1250万元，是最初投资的2.5倍。

1000万元到手后，张晨峰换了新的办公地点，扩充了自己的团队。接下来的时间里，他们将研发新产品，并且将产品投放市场进行检测。但是，直到现在，张晨峰并没有目标用户，没有对市场潜力进行大数据统计，产品也没有变现。

即使在这种情况下，张晨峰的公司依然获得了一家科技公司的青睐。双方经过几次接触，这家科技公司给张晨峰的公司估值为2亿元，希望用5000万元投资换取25%的股份。张晨峰非常激动，2亿元估值的创业公司在行业内确实少见，可以说，张晨峰已经成功了。此时，天使投资人获得了10倍的回报，风投人获得了4倍，两家笑得合不拢嘴。当然，这家科技公司也要求享有优先清算权，把自己的风险降到最低。

可是，后来的事情就不是那么顺利了。张晨峰扩大了公司的规模，进行大范围的宣传，铺天盖地投放广告。5000 万元很快就花完了，但是最后的结果并不理想。而且，从此时的数据分析来看，张晨峰的公司只值 5000 万元。

公司不值钱的消息被迅速传开，员工们纷纷消极怠工。有些团队核心成员甚至因为对目前的股权结构和投资人态度不满意而选择跳槽。此时，张晨峰意识到了问题的严重性，可是现在要想再融资根本不可能。于是投资人联合开掉了张晨峰，另外找人接替他 CEO 的工作，主持大局。

临时 CEO 的建议是通过贷款先维持公司的运营，挺过这一阵就好了。但是公司每个月的固定成本就要花掉 200 万元，资金链非常紧张，根本没有银行愿意冒险贷款给他们。天无绝人之路，这时有一家上市公司愿意出资 5000 万元收购公司。这个估值虽然和之前的 2 亿元落差太大，但是依照目前公司的情况，这已经是一个天文数字了，至少，公司不会亏钱。因此，张晨峰和几位投资人都同意卖掉公司，他们还是董事会成员，如果拒绝，最后公司肯定会破产，公司破产意味着要背负一笔巨额债务。

算下来，张晨峰需要向几位投资人支付共计 6500 万元的赔偿金。除此之外，他还要支付律师费和银行杂七杂八的费用等。最后，张晨峰发现，这 5000 万元根本不够用，自己只能净身出户。

这个案例告诉大家，小公司在进行融资时，要搞清楚“优先清算权”“优先股”等概念的真正含义是什么。对于投资方来说，他们都是抱着“赌一把”的态度对项目进行投资的，因此会设置很多对自己有利的条款。投资人知道，融资条款才是重中之重，因此，他们会在融资协议中设置各种各样对自己有利的条款内容。

因此，小公司在签订融资协议时，不要一味只关注钱。有能力的话，最好请一位有参与融资经验的律师，和你一起研究融资条款，千万不要图实惠和方便随便找个律师，宁缺毋滥的道理大家都懂。专业律师会看到你看不到的东西，给你很多专业指导。当然，小公司也不能完全依靠律师，自己也应该掌握看融资协议的技巧。

➢不要为了达到融资目的做不好的交易

很多小公司为了拿到融资最大额度，甚至去做一些不好的交易，到最后，不仅没拿到钱，还拖垮了公司。即使如此，还是有很多公司前赴后继，和资本做“魔鬼交易”，丝毫没有意识到危害。

王明阳开了一家公司，专门开发 APP。他们公司开发的 APP 一经问世就获得了大面积好评，也因此吸引了一家信息咨询公司的注意。这家信息咨询公司想要获得他的 APP 数据。对于王明阳来说，如果能拿到这家公司的投资，他就可以大量投放广告，增加 APP 平台的流量，打败竞争对手，让公司的发展上一个台阶。

经过多次接触后，这家信息咨询公司给王明阳的公司估值为 5000 万元，自己愿意投资 1000 万元，取得 20% 的股份。另外双方必须展开合作，这家信息咨询公司可以获得 APP 后台数据，王明阳必须通过信息咨询公司的平台投放广告。

王明阳觉得，用 1000 万元来推广 APP 将会给自己带来大量好处，不仅能吸引用户，还会给自己吸引更多的投资人。于是，王明阳答应了投资人的要求。可是，后续工作进行得并不顺利。广告宣传没有达到预期效果，于是王明阳打算停止在这家公司的平台上投放广告。王明阳把数据给投资人看，可是投资人丝毫没有让步的意思，因为，这是当初双方经过协商达成一致的。

之前谈判时，王明阳为了尽快拿到钱，并没有和投资人商量投放广告必须达到什么效果。因此，王明阳不得不履行自己当初的承诺，把这 1000 万元全部投在投资人的广告平台上。由于用户增长的速度太慢，而且目前

APP的运营模式需要较高的成本来维护，王明阳发现第一次融资已经不够用了，公司需要尽快获得第二轮融资。

王明阳的“悲剧”告诉我们，在和投资人就融资协议进行商讨时，最好把融资协议和商务合作分开来说，如果投资人坚持要把两者挂钩，那么最好开始寻找新的投资人。

第三篇　股权有术

第8章

股权设计：

合理的股权结构是股权融资成功的关键

合理的股权结构不仅涉及公司的治理结构、股东之间的利益关系，还制约股权融资的成功与否。因此，掌握股权设计的方法、技巧，设计更易获投资人青睐的股权结构，是股权融资成功的关键所在。

8.1

影响小公司融资的四大股权结构

小公司融资难虽说是一大诟病，但我们不可否认的是，也有许多小公司依靠几轮的股权融资慢慢做强做大，比如，阿里巴巴、京东、滴滴出行等。那么，我们不禁要思考这样一个问题：在资本市场越来越开放、融资渠道越来越多的情况下，为何你的公司还是融不了资？

对此，红杉资本股权投资管理负责人曾经说过这样一句话："当你的公司有一个好的项目和好的团队，却依然吸引不了投资人的时候，你就要考虑你公司的股权结构是否有问题。"

确实如此。股权结构关系到公司的团队搭建、利益分配与公司治理。它犹如公司的地基，不合理的股权结构不仅让小公司难以做强做大，而且还容易导致公司及股东发生重大法律纠纷。所谓"船大难掉头"，说的大抵就是这个意思。

最重要的是，对于股权投资人或机构来说，公司的股权结构是否合理是他们筛选投资公司重点关注的指标。所以，当你的公司和团队都甚好的情况下，依然不能吸引投资人，你就要开始考虑公司的股权结构是否有问题。

➢影响小公司股权融资的四大股权结构

根据我近几年投融资的经验，以及对近百家小公司股权设计的指导和辅助，总结出以下影响小公司融资的四大股权结构。小公司可以对照参考，看看自己公司的股权结构是不是在这“四大”之内，如图 8－1 所示。

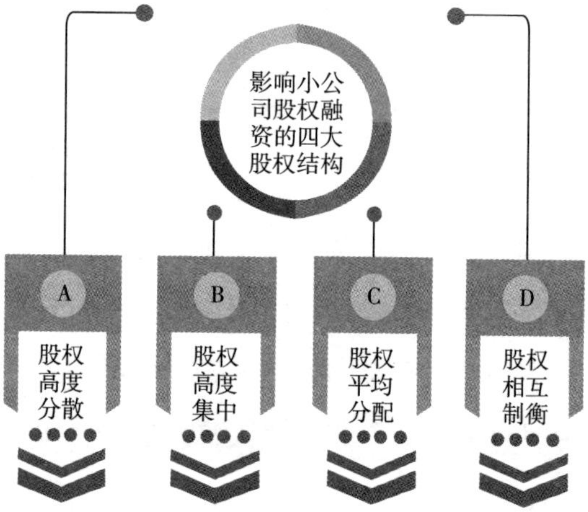

图 8－1　影响小公司股权融资的四大股权结构

1. 股权高度分散

股权高度分散，实际上是给团队成员博弈埋下了祸根。所谓股权高度分散，就是公司所有权与经营权分离，股权分散在大小合伙人手中，且持股比例相差不大，单个合伙人所持股份的比例大都在 10% 左右，没有核心大股东。

高度分散的股权结构表面上看，股东之间可以相互制衡，但是却很难管理。比如，当公司面临一项重大决策时，由于股权分散，管理层会把大量的时间浪费在平衡股东权益上，加上每个股东的股份又不多，大家都抱着“事不关己高高挂起”的态度，希望其他股东去做，自己坐享其成，从而错失良机，延误了公司的发展。

2. 股权高度集中

股权高度集中很好理解，就是一家公司的创始人拥有的股权超过一半以上，或者夫妻二人拥有的股份加起来是 100%，在公司内部拥有绝对的话语权。

表面上来看，这种股权结构省去了很多决策上的烦恼，提高了公司的运营效率，也使创始人掌握了公司的控制权。但事实上，这种股权结构犹如“一言堂”，其他的股东、高管全都成为摆设，公司上下都由创始人说了算。一旦创始人的决策失误，轻则让公司蒙受损失，重则会导致公司倒闭。

最重要的是，高度集中型的股权结构不利于成功进行股权融资和上市。因为在这种情况下，很有可能出现“隧道效应”，就是创始人（大股东）运用自己的权利，为自己建立一条利益隧道，转移资产，把投资人当成提款机。因此，投资人会怀疑创始人一手遮天，在日后的投资活动中损害自己的利益，从而对投资有所犹豫。

3. 股权平均分配

所谓股权平均分配就是每个股东手上占据的股权是一样多的。在这种情况下，如果大家意见一致还好，一旦出现意见分歧，就会出现僵局，没有决策人。另外，在实际的公司经营中，由于分工不同，每个股东对公司做出的贡献是不一样的，如果平均分配，会造成一部分股东利益的缺失，影响利益分配。

关于这一点，我们不妨来看看海底捞是如何从最初的股权平均分配型结构优化成合理的股权结构的。

海底捞是由四个年轻人创立的，现在的董事长张勇，当时由于囊中羞涩，在创业初期并没有出钱，其他的三个人各出 8000 元作为启动资金。后来，四个人结成两对夫妻，于是，两家各占全部股权的 50%。如图 8－2 所示。

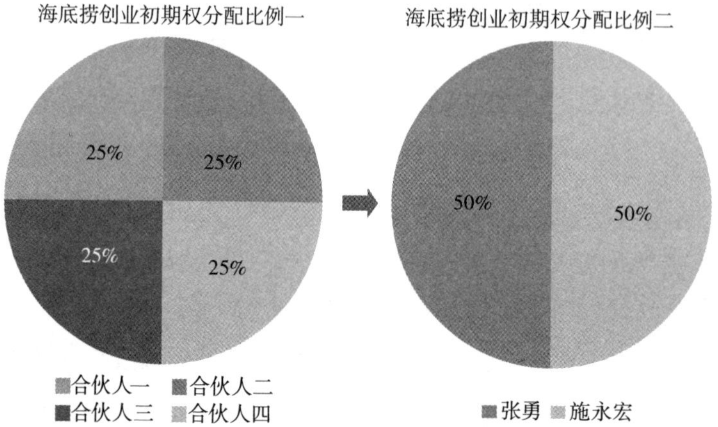

图8－2　海底捞创业初期四个合伙人之间的股权分配比例

海底捞经过十年的发展，越来越红火，张勇开始觉得公司的股权结构有问题，并且另外三位合伙人已经跟不上公司的发展，于是坚决地让他们离开了公司。同时，张勇还以原始出资额的价格，从另外一对夫妻那里买了18%的股权，于是，张勇成了海底捞的绝对大股东，如图8－3所示。

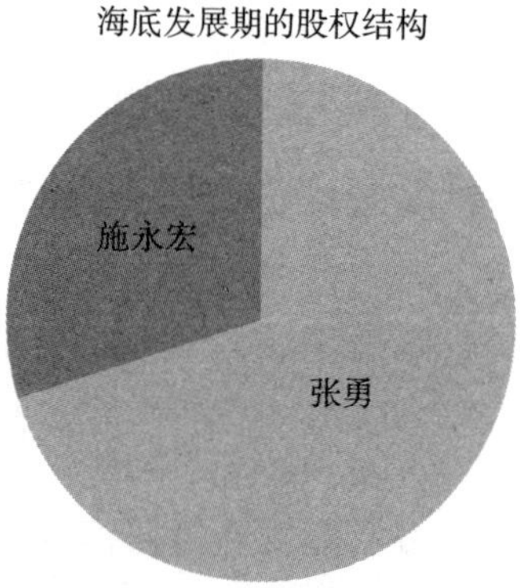

图8－3　海底捞发展期的股权结构

张勇成为海底捞的控股股东后，在公司管理上付出了更多，海底捞的发展也越来越顺利了，现在正在准备IPO上市。

回顾海底捞的股权分配，从起步阶段的平均分配（四个人每人占

25%），发展为两家各占一半，再到最后张勇“一人独大”掌握 68% 的股权。张勇独辟蹊径解决了公司股权结构不合理的问题，让海底捞发展得越来越好。否则，如果还是走当初平均分配的道路，也许海底捞就是第二个“真功夫”。

4. 相互制衡型

相互制衡型的股权结构，是指公司内部不止有一个大股东，还有其他大股东，股权之间相互形成牵制关系。业内关于制衡型股权结构没有统一的看法，有的人觉得好，有的人觉得是个隐患。觉得好是因为股东之间相互制衡，减少了公司的决策风险；觉得有隐患是因为公司内部会因此降低执行力，不易进行股权融资。

“暴风科技”就是个典型的案例。截至现在，暴风科技的股权结构如图 8 – 4 所示。

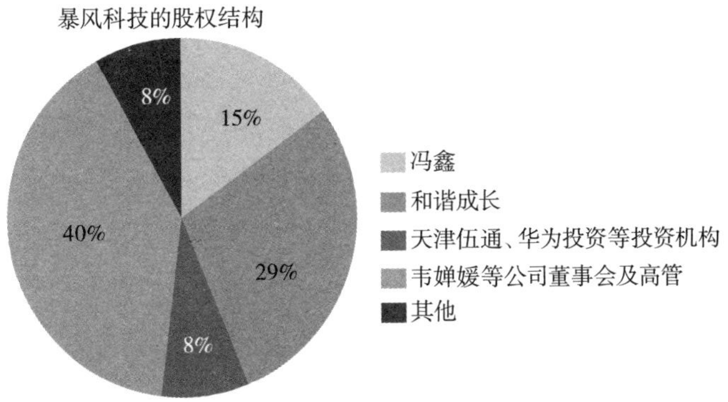

图 8 – 4　暴风科技的股权结构

从图 8 – 4 我们可以看出：创始人冯鑫是大股东。但是从股权结构上来看，冯鑫和天津伍通、华为投资等投资机构形成了相互制约的关系。

➢小公司股权结构设计的五大原则

所谓“只知其然，而不知其所以然”，知道了影响小公司股权融资的四大股权结构还不够，我们还要以此为戒，设计出合理的股权结构，让股权结构为股权融资添砖加瓦，而不是“拖后腿”。

与其他任何事物一样，股权设计也要遵循一定的原则。打破股权设计原则有时是被允许甚至受到鼓励的，但你还是要清楚地了解你所要打破的原则是什么，这样才能避免出错。

小公司设计股权结构需遵循以下五大原则：

1. 明确公司四个角色的股权比例

小公司在设计股权结构时，一定要明确以下四个角色的股权比例，如图 8 - 5 所示。

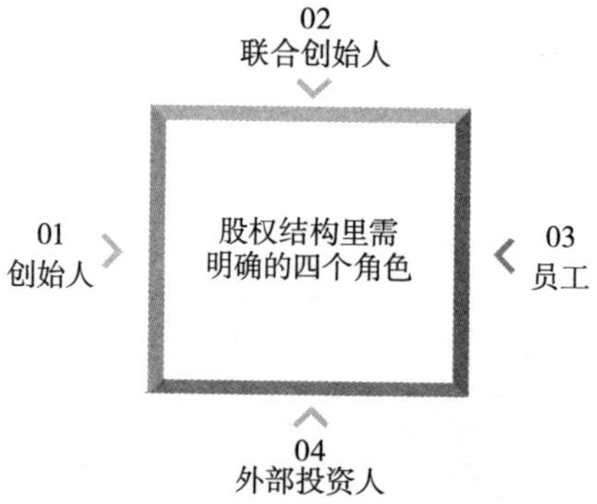

图 8 - 5　小公司设计股权结构时需明确的四个角色

对于图 8 - 5 中的四个角色，创始人和联合创始人必须是全职为公司服务。创始人可以出钱，也可以不出钱，因为创始人是以经验、资源和对公司的投入来换得公司股权的。通常来说，创始人出小钱或不出钱占大股，投资人出大钱占小股。投资人不管为公司做了多少事，都是资本的增值部分，不能在投资人和创始人之间来回“骑墙”。

2. 有核心大股东

小公司在设计股权结构时，一定要保证公司创始人的地位，核心大股东应该是公司的创始人，有绝对的表决权和控股权。如果没有大股东，就没有一个“话事人”，日后涉及到公司决策、法律纠纷、股权纠纷等问题时，就没有人来“主持公道”。比如“真功夫”的创始人蔡达标和潘宇海各持股 50% 和 47%，俩人的股权相差不多，遇到决策时，谁都不想妥协，于是就有了冲突，失去了最佳融资机会，导致公司节节溃败。

3. 简单明了

“简单”是指小公司股东人数不能太多，3 ~ 5 人是小公司最合理的安排，在沟通上能最快达成一致，有利于公司的稳定发展；“明了”是指股权结构清晰不复杂，没有交叉持股、隐性股东、期权池等问题。

4. 避免两种极端的股权结构

小公司在设计股权结构时，应该避免两种极端的股权结构：一种是一股独大，这种股权结构最典型的就是家族公司。不是只有一个股东，就是两个股东一家人；另一种是高度分散，最典型的代表是华为，全员持股。

小公司股权结构最理想的状态是：创始人作为一个大股东，在天使轮融资的时候要绝对控股，在后面的融资和股权激励中，要保持相对控制权。如果实在不行的话，可以把团队形成“一致行动人”，这样创始人还能拥有公司的控制权，避免被小股东“绑架”。

总而言之，公司的股权结构是一个弹性可塑的动态交互模式，小公司在设计股权结构时，要充分考虑到公司的经营状况、现有价值、未来规划、投资回报、股权激励等问题。在进行深入谨慎的考察之后再做设计。有一点需要大家注意，小公司在进行股权调整后并不是一劳永逸了，日后，当股权结构不再适应公司发展时，依然要进行调整。

8.2
小公司股权设计的基本方法

关于合理设计股权结构的问题，着实让小公司为难。有的创始人一提到股权设计，就如临大敌，认为自己设计不好公司的股权结构，于是参加各种股权设计的培训课程，企图让自己公司的股权结构合理化，以吸引投资人的注意。

诚实来说，创始人重视公司的股权设计是一件好事，但把希望寄托于各种培训课程并不是一个值得提倡的方法，大多数的股权培训课程只是讲了一些皮毛，甚至有的是打着“股权设计”的名号来圈钱。记得马云曾经说过这样一句话：“与其寄希望于他人，不如提升自己。”事实上，股权设计也并非一件难如登天之事，只要你用心学习，认真阅读本书，记住好要点，相信你会早日从股权设计“菜鸟”升级为一名优秀的股权设计人员。

在本节，将为大家着重介绍小公司股权设计的基本方法，希望能助你一臂之力。

➢以股权比例为基础设计

小公司在进行股权设计时，一定要谨记，股权结构不能按股份多少或者投资多少来设计，而是应该按照股东的股权比例来设计。什么是股权？股权是一种因投资而产生的所有权，是一种权利。股权能够决定公司的管理；股权能够决策公司方向，影响公司的发展规模。股东只要在公司有投资、有股份，那他就有相应的股权，区别只是权利的大小而已。因此，小公司在设计股权结构时要充分考虑股东权益、董事会表决程序等一系列问题，如图 8－6 所示。

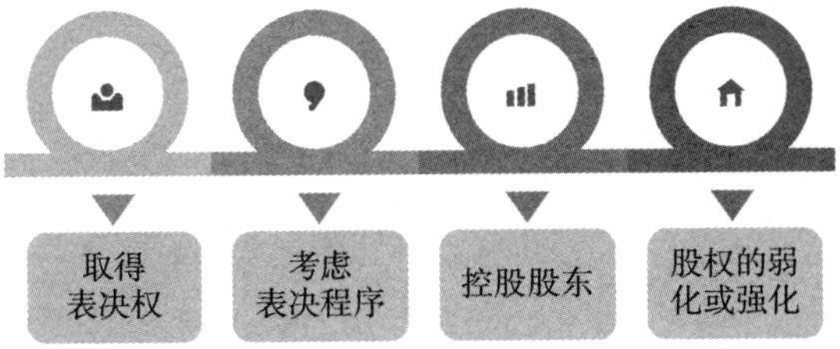

图 8－6　小公司进行股权设计时要考虑的问题

1. 取得表决权

小公司想要通过这种方式进行股权设计，从公司刚起步时就要开始埋下伏笔了。在公司成立初期，创始人一定要在起草公司章程时多费些心思，尽力提高自己的表决权数。通常来说，要成功做好股权设计，你要么有市场优势，要么有技术开发优势，要么在管理上更胜一筹，通过这些优势，弥补自己在资金方面的弱势，换取表决权。

2. 考虑表决程序

在小公司，董事会和股东大会是两大重要的表决部门，凡涉及到公司重大决策，一定要通过这两个部门的表决才能通过。有些公司的模式比较封闭，如果一位股东想要转让自己的股份，必须要经过股东会投票通过才行；如果某位股东去世，其继承人想要进入公司决策层，也需要经过股东会表决。

3. 控股股东

所谓控股股东就是取得决策权的股东。想要成为控股股东的方法有两种：一是直接实际出资达到总资产 50% 以上；二是直接实际出资没有达到

50%，但是股权比例最大，然后通过吸收其他股东股权，扩大自己的股权比例，形成控股局势。

4. 股权的弱化或强化

强化或者弱化股权是为了保护投资人的利益，以及吸引精英人才。一般来说，“股权设计”会遵循等资等权的原则，也就是说，出的钱一样多的人，获得的权利也是一样的。但是，有的小公司也存在隐性股东或者干股的情况，如果这些人要求自己的股权权利，要求分配公司资产时，就有大问题了。因此，小公司在进行股权设计时，一定要用合同或者协议的形式对股权持有人的股东权益进行约定，避免日后产生不必要的麻烦。

总之，小公司在以股权比例为基础设计股权结构时，应该充分考虑自己的投资目的、发展方向等问题，结合自己的优势对公司股权进行合理设计，如此才能更好地维护自己的利益，促进公司的发展。

➢设定股权锁定期限

股权锁定对稳定核心团队具有重要的作用。没有相互之间的利益制衡，团队是无法获得凝聚力的。小公司没有钱，就没有能力用高薪吸引人才，只有用股权来给团队“画饼充饥”。小公司的成功依赖于核心团队，而核心团队是否稳定依赖于一个科学的股权锁定。要弄清楚这个问题，就要从以下三点入手：

1. 什么是股权锁定

股权锁定有两种含义：第一种是通过股权“诱惑”精英人才加入，和公司一起奋斗，一起成长，改变原来的上下级雇佣模式，变为现在平等的合伙人模式。用股权激励员工提高工作积极性，推动公司发展。第二种是股票持有人在一段时间内不能出让股权、股份，这个“一段时间”就是股权锁定期，目的是为了保证公司能稳定发展，降低公司的经营风险。

这也是投资机构给予的灵感，比如我投资了你的公司，我和你之间可以设定一个股权锁定期，比如 3 年、5 年。从投资人的角度来说，希望股权锁定期越长越好，一家公司从融资到上市起码需要 7 ~ 8 年的时间；但从公司的角度来说，希望股权锁定期越少越好，这样就可以以更高的价格寻找新的投资人。结合目前的情况来看，大部分公司的股权锁定期限为 3 ~ 5 年。

2. 股权锁定的好处

在小公司第一次进行股权融资时，一般都是由投资人出大头、拿小头，是公司的小股东，而小公司出小头、拿大头，是公司的大股东和实际掌权人。为了平衡二者之间的关系，同时也是为了公司的稳定，投资人一般会要求对创始人的股权进行锁定，这也是无可厚非的。

假如在公司某个期限之前，比如上市之前，创始人想要转让股权怎么办？因此，为了保障公司的利益，不得不对其进行股权锁定。假如公司的上市之路前路漫漫，那么创始人要么赶紧上市，要么把自己累死。听起来好像很不人道，但是却是为了维护公司的利益。

3. 股权锁定条款

股权锁定条款通常会规定，如果没有经过一定数量的投资人许可，创始人在股权锁定期限内是不能转让自己的股权的。

总之，从维护小公司和投资方双方利益出发，在投资协议中加入股权锁定条款是很有必要的，尤其是对股权锁定期限的规定。在股权锁定期间，如果创始人因为个人经济原因有转让股权的需要，必须经过投资人的同意才能进行，经过相关程序的处理，可以把少部分股权进行转让。一般来说，小公司创始人的股权将会被继续锁定，直到锁定期限结束。

➢投资注入的股权设计

关于这种方式，相信大家已经深有体会了，只要你和投资人接触过，就知道他们的合同基本上就是“天书”，明明每个字都认识，但是放在一起就是看不懂。实际上，你只要关注以下两个方面就行了，如图 8－7 所示。

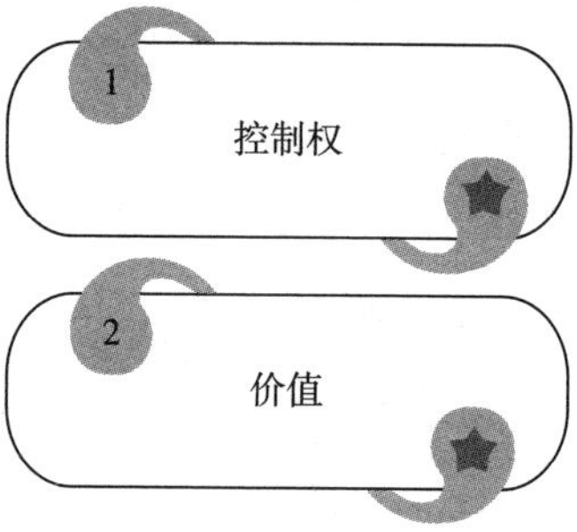

图 8－7　投资注入股权设计的两个重点

1. 控制权

当投资人把钱给你后，你如何保障投资人的利益不受损害，这些都要通过公司的控制权来实现。

控制权主要由公司的“三会一层”来保障，所谓“三会”就是股东会、董事会、监事会；所谓“一层”就是公司的高级管理层。在投资人提供的合同中，一般提及比较多的是股东会和董事会，这两会中有哪些事情需要投资人的同意才能实施，这属于合同特殊约定的范畴。比如，董事会董事的提名和罢免，公司决议中必须要投资人同意的内容等。

2. 价值

价值包括两方面的内容，投资前的价值和投资后的回报，典型的合同包括以下内容：

（1）优先股。虽然目前的法律对有限公司没有做出硬性规定，但是现阶段的公司法已经给优先股的产生提供了良好的温床。

（2）反稀释条款。这一条主要用来保障先进来的投资人股权价值和权益，不会被后进来的投资人稀释、影响。

（3）对赌条款。对赌条款在以前有过一段时间的争议，但现在的主流观点都认为对赌条款是有效的。

以上内容都是投资方合同中比较常见的条款，均围绕控制权和价值两个中心展开。其实这些内容都是在双方谈判博弈的过程中产生的。小公司千万不要认为自己是“拿钱”的就不能更改条款，只要你觉得这样的股权设计对于自己不利，就一定要提出更改要求。

8.3 股权结构如何设计更易获投资人青睐

在如何获得股权融资的因素中，股权结构起着至关重要的作用。在业内有种说法：投资 = 投人 = 投股权结构。可见，合理的股权结构，不仅有助于创始人找合伙人、找人才，也会更易获得投资人和资本的青睐。

在这方面，滴滴出行给我们做了一个很好的示范。

➢滴滴出行以合理的股权结构吸引了众多投资人

先来梳理一下滴滴出行的发展路线。

2012 年 9 月 9 日：正式上线，由北京向上海、深圳和广州地区扩展。

2012 年 12 月—2014 年 1 月：先后获得金沙江创投、腾讯公司、中信产业以及其他机构的三轮融资。

2014 年 5 月：产品正式命名为“滴滴打车”。

2014 年 8 月：滴滴专车上线，进军商务用车领域。

2015 年 2 月：和快的打车战略合并。

2015 年 5 月：在全国 8 个重点城市上线公益性打车服务。

2015 年 9 月：更名为“滴滴出行”，并启用新 LOGO，同时发布新版 APP，整合快车、顺风车、出租车、专车、代驾等多项业务。

2015 年 10 月：获得第一张专业牌照。

2016 年 6 月：完成新一轮 45 亿美元的股权融资，新的投资方包括苹果、中国人寿、蚂蚁金服、腾讯、阿里巴巴、招商银行、软银等，原有投资人也参与了本轮投资。此外，招商银行还将牵头安排 25 亿美元银行贷款、中国人寿则进行了 20 亿元人民币的长期债权投资，本轮实际融资总额达到了 73 亿美元。

为什么滴滴出行能获得如此众多投资人的青睐呢？原因就在于它的股权结构设计的合理性。表 8－1 是滴滴出行的股权结构。

表 8－1　滴滴出行的股权结构

股东	股权比例（%）
程维	48. 225
王刚	48. 225
张博	1. 553
徐涛	0. 965
吴睿	0. 723
陈汀	0. 309

事实上，关于滴滴出行的股权结构，“江湖上”有很多传说，下面我们就来聊聊大家比较关注的几个点。

1. 滴滴与 Uber，到底谁收购谁

Uber 发布的内部信中提到，Uber 与滴滴合并后将拥有滴滴 20% 的股权。但滴滴曾发布公告宣布收购 Uber 中国的品牌、业务、数据等全部资产，Uber 将持有滴滴 5. 89% 的股权。

其实，滴滴与 Uber 到底谁收购谁并不重要，重要的是滴滴通过融资，获得了资源和发展。从股权上来说，Uber 是滴滴最大的股东；从控制权上来说，滴滴团队控制公司的运营；从品牌来说，在中国滴滴将占主导。

2. 谁控股

滴滴的股权结构是一种 VIE 架构，通俗地说，就是滴滴所有的股权比

例只反映在滴滴的离岸控股公司里，国内工商登记里的股权结构并不是滴滴真实的股权结构。这就合理地解释了为什么我们在“滴滴的股权结构图”中看不到投资人的持股信息。

如果真如媒体报道的那样，以程维为首的创业团队持股比例早已低于20%，那么滴滴与Uber合并之后，Uber有可能成为滴滴单一最大股东。

3. 滴滴的创业团队是否会失去对滴滴的控制权

对于像滴滴这样需要吸引优秀合伙人和投资人的公司来说，创业团队不控股是必然的结果。团队股权被极大稀释有其必然性与一定的合理性，它解决了发展过程中的资本、战略资源与经营团队激励等问题。

虽然滴滴的创业团队不控股，但“鹿死谁手”还不一定，因为以程维为首的创业团队还可以通过投票权委托、一致行动人和AB股计划来实现对公司的控制权。

总而言之，滴滴能吸引如此强大而众多的投资人、投资机构和优秀合伙人，已经很有力地向我们说明了它股权结构的合理性，这值得每一个小公司借鉴学习。

➢如何设计出更易获投资人青睐的股权结构

对于小公司来说，一个合理的股权结构承载着为公司分忧、为投资人解惑的重要使命。它的设计通常要考虑两方面的内容：一是投资人最看中公司股权结构的哪些要素；二是防止大权旁落的基本设计原则。

1. 投资人最看中小公司股权结构的哪些要素

要设计出一个合理的股权结构，首先要知道投资人最看中公司股权结构的哪些因素。一般来说，投资人主要会从以下三个方面对小公司的股权结构进行考察，如图8－8所示。

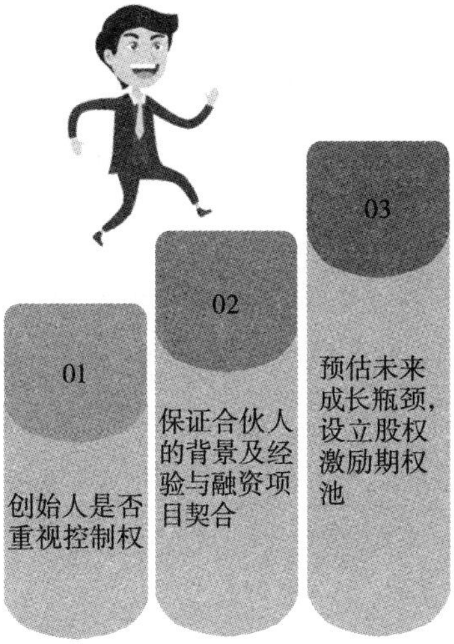

图 8 -8　投资人最看中小公司股权结构的三个要素

（1）创始人是否重视控制权。

投资人在查看小公司的“商业计划书”时，可以从股权结构看出创始人对公司控制权的重视。所以，小公司在设计股权结构时，创始人应该持有公司的绝对控股权和相对控股权。

（2）保证合伙人的背景及经验与融资项目契合。

我们身处于一个“合伙打天下”的时代，小公司设计股权结构时要更突出“合伙人”的股权。比如，手游项目的核心股东是市场销售合伙人合适还是技术合伙人合适？因为合伙人的持股比例直接反映着一个团队是否对公司的发展有清晰的认识。

对此，小公司在设计股权结构时，要根据项目的特点，科学、合理地评估每个合伙人的优势和价值，保证他们的背景及经验与融资项目契合。

（3）预估未来成长瓶颈，设立股权激励期权池。

期权池就是指公司成立初期要先将公司股权预留出一部分。

如果你的股权结构里有预留期权池，投资人就会认为你对公司发展的未来预判及未来发展的预估非常科学、合理；如果你的股权结构里没有预留期权池，当有后入职的合伙人或核心人才要求分股时，原始创业团队的股份就会被稀释，这对公司的发展是非常不利的，投资人也不会喜欢这样的公司。

所以，小公司在设计股权结构时，要预留10%～20%作为期权池。董事会依照员工对公司的贡献程度，决定期权的发放对象和发放数量。

2. 防止大权旁落

小公司的创始人失去对公司的控股权是股权融资会产生的最严重后果。小公司在设计股权结构时，要保证创始人的控股权。这是因为，只有保持了创始人对公司的控股权，才能保护公司的利益。其实，很多小公司的创始人创业的初衷，除了挣钱，还为了实现个人的理想抱负。而对于投资人来说，他们不会在意你的创业情愫，他们为你投资，只是为了赚钱。

正因如此，投资人在向你投资时，经常会提出以下几项特殊权利，如图8－9所示。

图8－9 投资人经常会提出的几项对控股有影响的权利

以回购股份为例来看一下公司创始人保持对公司控股权的重要性：当公司的盈利达不到和投资人达成的“对赌协议”时，小公司的创始人就要连本带息回购股份。这对于很多历经艰难才实现公司扩张的小公司来说，无异于签了“卖身契”，很可能让公司的控制权“花落别家”，自己多年的打拼付之东流。

2017 年 7 月 18 日，滴滴出行以 2 亿美元的投资额换得了国内第一家 C2C 模式的二手电商平台——人人车的控股权。虽然，人人车易主滴滴出行后，会一改之前的衰落局面而继续存活下来，但反观易到与乐视的案例，就不得不对人人车的创始人李健和他的创始团队担忧。

可以说，小公司一旦被投资方掌控，将很难保持创业的初心，最终会沦为棋子。小公司对于创始人而言，就像自己的孩子，没有谁愿意看见自己的孩子沦为棋子。因此，小公司的创始人在融资的过程中，绝对不能丢掉对公司的控股权。

关于股权融资过程中的控股权，有以下几两点建议可供参考。

（1）保持绝对的控股权。

在融资时，小公司的创始人不能只把握公司的相对控股权，而应该把握全部控股权。若投资方对此提出异议，建议小公司果断放弃融资，或者以合理的价格将公司全盘转让，自己另起灶炉。

（2）分段融资，将股权逐步摊薄。

采用分段融资方式，将股权逐步摊薄是小公司的创始人维护自己绝对控股权的有效途径。一般来说，分段融资的方式非常容易实现，而且只要能成功融资一次，同时融资的项目又具有很大的发展空间，就能实现股权的溢价和升值。

当然，小公司的创始人在进行股权融资时，既要遵循保持控股权的融资原则，也要根据公司的实际情况进行取舍：如果你的公司占据技术优势，在融资的过程中你就占据了主动地位，只要你不放弃控股权，一般情况下投资方不会得逞的；但如果你的公司在技术或知识产权方面不具备任何优势，这时一味地坚持公司的控股权其实也意义不大。

8.4

家族小公司如何优化股权结构

说到“家族小公司”，你的第一印象是什么？是电视剧里面家大业大的土豪？还是路边一家火爆的大排档？其实，“家族小公司”并没有我们想象中那么封闭排外，世界上有很多知名的公司都是家族公司，比如宝马、沃尔玛等。所谓家族公司是指控股权和主要资本掌握在家族成员手里，或者管理层以家族成员为主的公司。

在我国，大部分小公司都以家族模式为主。可以说，家族公司在商业金融领域占据着非同寻常的地位。据统计，全球的中小公司中，65% ~ 80%的公司是家族形式的小公司，在世界500强公司中，有40%的公司是家族小公司起家的。图8－10是《福布斯》公布的“2017中国上市家族企业TOP100”的前十位。

通过图8－10，我们可以清晰地知道，中国家族公司的业绩已开始复苏，许多家族公司借助股权融资一步步做大做强，正在冲击世界百强。

家族公司之所以能够很快地做大做强，是因为在这样的公司里，家族成员掌握着绝对的话语权，血缘和亲戚关系把他们连接成一个利益共同体，大家交流起来更方便，避免因为信息不对称而出现失误。另外，家族成员之间的信任感高于“外人”，大家都是为自己做事，因此干劲儿十足，不计较股权的多少，出力的多少，反正最后挣的钱一定会到自己的口袋里，公司管理层之间的协调与配合就方便多了。

2017中国上市家族企业
TOP100前十位

排序	企业简称	控制家族	2016年营业收入（亿元）	总市值 2017-06-30（亿元）
1	中国恒大	许家印家族	2，127.6	1,835.7
2	美的集团	何讯健家族	1,598.4	2,793.1
3	碧桂园	杨惠妍家族	1,531.2	1,931.3
4	比亚迪	王传福家族	1,034.7	1,286.1
5	国美电器	黄光裕家族	782.5	207.9
6	九州通	刘宝林家族	615.6	365.6
7	新希望	刘永好家族	608.8	346.6
8	温氏股份	温鹏程家族	593.6	1,223.7
9	世茂房地产	许荣茂家族	593.3	452.5
10	龙湖地产	吴亚军家族	548.8	986.9

图 8－10　2017 上市家族企业 TOP100 强前十位

（图来源于《福布斯》中文网）

➢由家族成员掌控的股权结构带来的三大弊端

虽然家族公司有其优势所在，但随着市场的变革，资本经济的到来，这种完全由家族成员掌控的股权结构的弊端就显现出来了。大致有以下三大弊端，如图 8－11 所示。

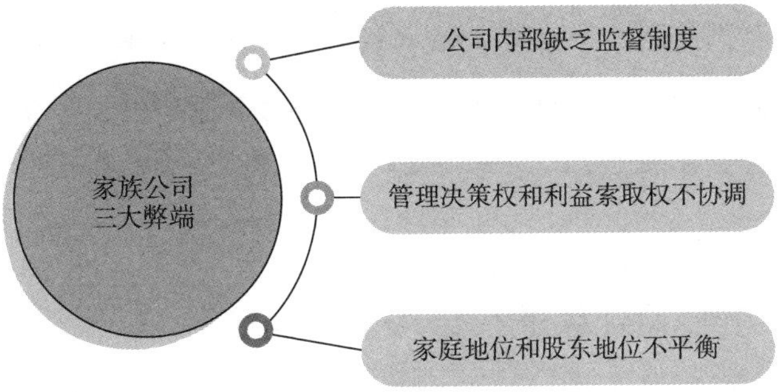

图 8－11　完全由家族成员掌控的股权结构的三大弊端

家族公司因为股权结构不协调影响公司经营，甚至最后倒闭的案例有很多，比如，九牧王、廖创公司、新鸿基地产、远东皮革、天健集团、真功夫、土豆网等等。因此，对于家族小公司来说，想要把公司、个人、家族的利益最大化，让公司长远地走下去，优化股权结构成为了一件势在必行的事情。

下面，我们来看看土豆网的案例，这是一个典型的因为夫妻财产分割不均而导致公司发展错失融资良机的案例。

土豆网是一个名副其实的家族公司，2007 年，王微和前妻杨蕾一起创建了土豆网。公司成立之初，两个人的股权结构是这样的：王微占据 95%，杨蕾占据 5%。当然在王微的股权中，有 76% 涉及到夫妻共同财产。

土豆网发展之初，夫妻二人齐心协力，把公司经营得有声有色。但是好景不长，当土豆网处于第五轮融资，准备 IPO 上市的关键时期，王杨二人的夫妻关系变得紧张，最终离婚。

当王微提出离婚时，土豆网正在准备 IPO，此时，杨蕾向法院提起诉讼，要求分割夫妻共同财产。法院因此冻结了王微名下的所有财产，包括土豆网 95% 的股份。离婚案件的审理也导致土豆网错失了 IPO 最佳时机，而对手优酷网抢先上位，实现了 IPO。优酷网上市后，发展势头迅猛，受到了资本市场的一致好评，股价曾经一度攀升至 69. 95 美元。

财产分割结束后，土豆网立即重新筹备 IPO，但是此时的市场环境已经不可同日而语了，优酷网已经占据了市场的主导地位，土豆网再想搏一把，实在是有心无力。

➢家族小公司优化股权结构的五大技巧

通过土豆网的案例，我们知道，就算是同床共枕的夫妻，在共同经营公司时，也应该把股权结构划分清楚。俗话说，“亲兄弟明算账。”把钱和权的问题算清楚，不要为日后的经营埋下定时炸弹。

家族小公司应该如何优化股权结构呢？我们可以从以下几个方面出发，如图 8－12 所示。

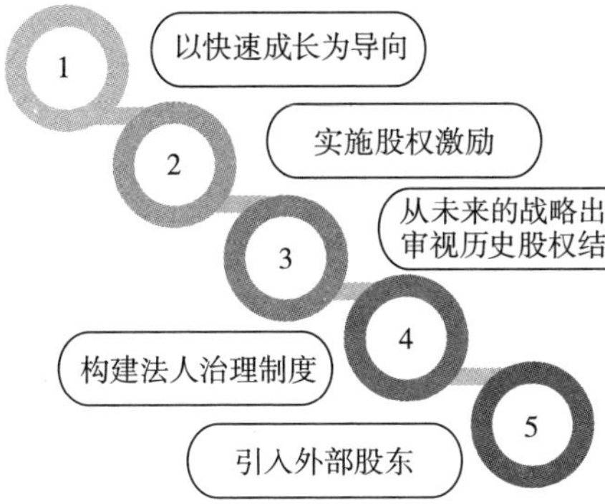

图 8－12　家族公司优化股权结构的要点

1. 以快速成长为导向优化股权结构

家族公司之所以要优化股权结构，就是要推动公司的快速成长和发展，扩大市场占有率。下面的这些方法，希望能够帮到大家。

首先，就董事会席位来说，家族成员不要超过七人，五人为最佳，家族成员太多，相互之间可能会为了自己的利益制衡对方，这样不利于公司发展。

其次，只有公司发展起来了，市值增长了，原始股东才会在优化股权的各个方面达成共识，做出妥协。日本松下电器就是典型的成功案例，松下电器在发展之初，创始人松下幸之助的个人股份是 100%，可以说整个公司都是他说了算，但是现在他的股份已经被稀释至 2.9%，虽然股份少了，但是对松下电器的前途，却是有着无与伦比的推动。

2. 实施股权激励优化股权结构

优化公司股权结构另一个比较好操作的方法，就是在公司内部实行股权激励。比如，对中高层管理者和优秀员工进行股权激励，把大股东的一部分股份拿出来，当作奖励分发给那些对公司有卓越贡献的员工，这样不仅能够激励员工更有热情地工作，吸引外界的精英加入，还能改变家族小公司的股权结构，推动公司发展。

3. 从未来的战略规划出发审视历史股权结构

在优化股权结构的过程中，家族公司势必会有很多陈年旧账被翻出来。比如，事业刚起步时大家的投入和付出，家族股东为公司做出的贡献和犯的错误，家事和公事剪不断理还乱，由于家庭恩怨导致公司经营不善等等。要解决这些问题，就要站在公司长远战略的角度，重新审视以下问题。

（1）这种高度集权的股权结构还适应公司的发展吗？

（2）领导公司发展的最合适的人选是谁？

（3）如果公司未来有上市的计划，谁能担当大任？

（4）大股东、董事长的最佳人选是谁？

4. 构建法人治理制度优化股权结构

在家族公司中，最常见的就是公司治理结构形同虚设。在我多年的工作生涯中，见过很多案例，虽然公司有董事会，但是董事会成员大部分都是“自己人”，被家族成员掌控，所谓董事会就成了摆设。加上“家族文化”的控制，使得“家族”说什么就是什么，公司管理比较混乱，阶层不清。

因此，家族公司一定要让治理结构规范化。比如，董事会的家族成员股东可以把自己的资产交给董事会代管，董事会应该是公司最高权力机构，拥有对高管的任命和罢免权。

5. 引入外部股东优化股权结构

家族企业普遍存在一些不规范的行为，比如，财务问题模糊不清，治理结构不规范等等。家族公司想要解决这一问题，引入外部股东是一个不错的办法。有一点需要注意，你要引入外部股东，就一定要让对方拥有一定的话语权，参与公司管理，达到优化的目的。你要人家来，又不让人家说话，就失去了引入股东的意义。

以上几个技巧可以帮助小公司很好地优化公司的股权结构，以让公司内部一些虚有其表、没有能力的“绣花枕头”从核心岗位上退下来，由“能者”担任，这样才有利于完善公司管理，优化股权结构，吸引投资人。

第9章

股权分配：

掌握合伙人股权分配方案，科学“切蛋糕”

合理的股权分配方案可以明晰合伙人之间的责、权、利，充分体现各股东对公司的贡献程度及权力和利益的诉求，有助于公司稳定，方便公司融资和进入资本市场。因此，无论你与合伙人的关系多么密切，都要格外重视合伙人之间的股权分配问题。

9.1 创始人与合伙人之间如何分配股权

“天下熙熙，皆为利来；天下攘攘，皆为利往。”事实告诉我们，利益分配是不是合理，决定了公司的生死存亡。一个公司就像一个圆形蛋糕，是由很多合伙人通过一起打拼拼凑起来的。如果创始人想自己一个人独占，能一口吞得下吗？很显然不能。股权不切分，这个蛋糕谁也吃不下。

很多创始人认为，只要预留出一小部分股权分给底下的合伙人就可以了，比如预留 10% 或者 20%。但这 10% 能够让合伙人满意吗？股权那么少，根本就不够分。而且这种行为不像合伙制，而像是给下属的打赏。

有些创始人还认为，不应该合伙创业，和朋友或者亲戚合伙很难分清楚股权。但实际上，这是因为公司没有处理好具体的事项，才会导致问题堆积得越来越严重。只要懂得切分股权，理性处理利益问题，就能获得合伙成功。比如，新东方的“三驾马车”、腾讯的“五虎”、阿里巴巴的“十八罗汉”……这些都是好哥们儿、好朋友一起合伙创业的成功典范。

股权切分是创始人与合伙人之间的一个必然趋势和经历。俗话说“有舍才有得”，合伙创业是大家一起出力出资，合理分配股权也是理所当然的事情。那么，创始人与合伙人之间，应该如何分配股权才算合理呢？

➢谁应该作为创始人

要想科学、合理地分配创始人与合伙人之间的股权，首先我们要明确一个问题：谁应该作为创始人？

在回答这个问题之前，我们先来看看“罗辑思维”的案例。作为“罗辑思维”的灵魂人物，罗振宇本应该是当之无愧的大股东，但是真相并不是这样。当时“罗辑思维”的股权分配如图9－1所示。

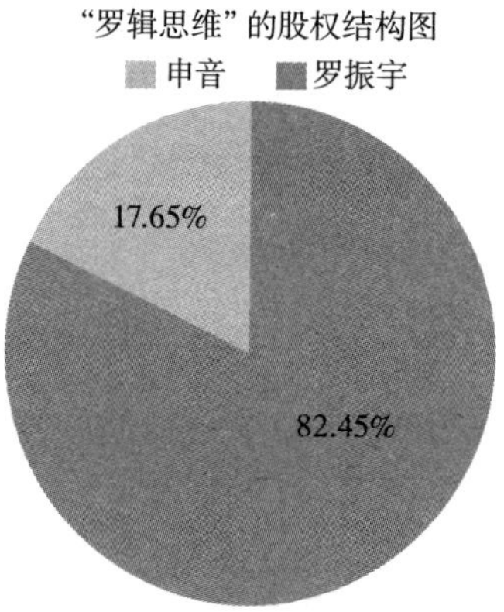

图9－1　“罗辑思维”股权结构

从图9－1中我们可以清晰地看出：“罗辑思维”的大部分股权都掌握在申音手里。随着罗振宇对“罗辑思维”的作用越来越大，付出的越来越多，这种股权分配很明显站不住脚了，最终导致两人走上了“决裂”的道路。

谁是创始人，谁的股份就最多，这是商业圈心照不宣的“潜规则”。反过来说，股份最多的那个人就是公司的创始人。但是“罗辑思维”很明显不符合这一规则，才导致两个合伙人分道扬镳。因此，合伙人之间的股权分配已经在一定程度上决定了公司的命运。

在一家公司里，决定谁是创始人，看似简单却很复杂，尤其是在合伙人比较多的情况下。因为创始人的决定涉及到公司方方面面的事情。其实，决定的方法很简单，谁在经营的过程中承担的风险最大，谁就有当创始人的资格。通常来说，小公司的发展有以下三个阶段，如图 9－2 所示。

图 9－2　小公司发展的三个阶段

在创立阶段，创始人投入的资金和精力最多，此时没有外部融资。在这个阶段，公司很可能会失败，创始人投入的资金有可能全部损失。另外，创始人为了创业已经失去了工作和工资，如果创业公司失败，创始人需要重新找工作。

在启动阶段，也许公司找到了投资人，也得到了投资，暂时解决了资金紧张的问题。这些资金使得创始人每个月都能拿到一些收入，但是远远低于在大公司工作的收入。50% 以上的公司都这这一阶段失败了，然后创始人不得不重新找工作。在这种情况下，创始人不仅失去了创业之前的稳定工作，还因为创业失败损失了一大笔资金和非常多的时间和精力。

在公司正常运营阶段，公司利用自己已有的资源和资金取得了一定的进步，已经开始盈利。在这一阶段，创始人的收入得到了改善，已经进入正常运营的公司基本不会倒闭，就算失败，创始人也会选择从头再来。

综上所述，如果一个人为一家公司工作，这家公司刚刚建立甚至都没有发工资给自己，那这个人就是创始人。反之，如果一个人从进公司就有钱拿，那这个人基本不会是创始人。

➢创始人的股权身价如何确定

在公司创立初期，作为为公司付出最多、回报却越少的创始人，他的主要任务就是用最快的速度让公司盈利。既然公司还没赚钱，要如何确定创始人身价呢？下面就来了解一下创始人股权比例的计算方法。

1. 提出创意并获得执行得10%

创立一个公司的关键就是有一个好点子、好项目，做出最初创意的提供者，创始人应该获得10%的股权。

2. 组建公司团队获得5%

通常来说，合伙人和其他核心团队成员都是由创始人召集起来的，如果没有团队，公司将一事无成。因此，作为团队的组建者，应该再获得5%的股权。

3. 创始人出任CEO获得5%

一个好的CEO为公司创造的价值是无价的，CEO统领着公司全局，肩担大任，因此如果创始人出任CEO，还应该再获得5%的股权。

4. 让公司从0到1实现飞跃增加5%～20%

具体的获得比例由创始人做出的贡献决定。比如，为公司建立了良好的市场形象，申请了技术专利等，可以额外获得5%～20%的股权。

5. 创始人的信誉资产可以增加5%～20%

如果创始人是该领域的专家，或者有相关资深的从业经历，那么他对投资人的吸引力是很大的。公司有了创始人的信誉做背书，在资本市场是相当有竞争力的，这种公司的运营风险也会降低。因此，创始人可以增加5%～20%的股权。具体比例还要根据创始人的信誉大小来决定。

6. 根据实际现金投入多少增加占股比例

这个比例和投资人占股比例的计算方法是一样的。第一步要确定公司的估值，然后根据现金投入的数字计算占股比例，最后结合以上几个因素，确定最终的股权比例。

在实际的股权分配操作中，创始人和合伙人应该按照以上标准进行合理分配。股权分配是一个复杂的过程，不管是创始人还是合伙人，都应该认真面对，否则在公司发展后期很容易出现股权纠纷，影响公司发展。

➢掌握创始人与合伙人之间股权架构的三种类型

要想合理分配创始人与合伙人之间的股权，我们还需掌握创始人与合伙人之间股权架构的类型，如图9－3所示。

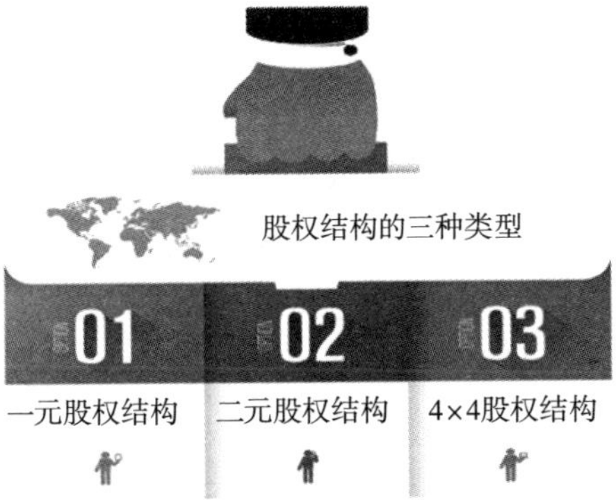

图9－3　创始人与合伙人之间股权结构的三种类型

1. 一元股权结构

所谓一元股权结构，指的是创始人与合伙人之间的股权比例、表决权、分红权都呈一体化。这种股权结构的主要特点是，任何合伙人的权利是根据股权比例来定的。这是目前大多数小公司采用的股权结构。

在这里，小公司要特别注意在“表决权”上的设计，当发生下列情况时，表明公司的“表决权”已经高达2/3，这样创始人的绝对控股权就会受到威胁，所以创始人一定要在协议里对这一项进行协议约定。

（1）合伙人持有的股权比例达到33.4%以上的。

（2）两位合伙人的股权比例分别为51%和49%的。

（3）合伙人的股权比例超过50%的。

（4）创始人和合伙人的股权比例均为50%的。

2. 二元股权结构

二元股权结构指的是创始人与合伙人之间的股权比例、表决权、分红权做出不等比例的安排，将股东权利进行分离设计。虽然《中华人民共和国公司法》规定，可以同股不同权。但需要注意的是，这种股权结构设计只适合于那些将分红权给某些合伙人，但将决策权给创始人的情况。大多数情况下，建议同一类股票的权利应该是一致的。

3. 4×4股权结构

4×4股权结构是将公司的股东分为4个类型：创始人、合伙人、员工、投资人，然后根据这4类人设计其股权结构。

9.2

小公司合伙人股权分配的四大原则

单打独斗的时代已经过去，如今是一个合伙打天下的时代。既然是“合伙打天下”，首先面临的一个重要问题，就是股权的分配问题。股权分配得好，皆大欢喜；分配不好，不仅有可能还没合伙就散伙，甚至即便已经共同创业，后期也有可能因为这个问题而分崩离析，同时，合伙人股权分配也是投资人看中的一大问题。著名投资人徐小平曾经说过这样一句话：“我投资一个公司，首先看的就是公司合伙人的股权分配是否合理。如果不合理，即使这个公司有着绝好的项目，我也不会出手投资……”

由此可见，合伙人股权分配对于公司的股权融资有着举足轻重的作用。因此，怎样设计一个公正合理的合伙人股权分配方案，就成了小公司要解决的最大问题。合伙人股权分配方案的设计，说难也不难，只要小公司了解其中的诀窍和方法，问题就可迎刃而解。

我们常将公司的合伙人股权分配形象地比喻为“切蛋糕”，它是一项复杂而微妙的技术活。要想更好地掌握这门“技术活”，小公司在进行合伙人股权分配时要遵循以下四大原则。

➢按出资比例分配

只有合伙人才能参与公司的股权分配。所谓合伙人，通俗来讲，就是紧密联系在一起，不可相互替代，实现各自包括研发、运营、资金、渠道等优势，有效整合的团队。虽然合伙人的概念非常清晰，但实际的操作却很复杂，在确定参与股权分配的人员时，还应该排除以下五类人，如图9－4所示。

图9－4　不应当参与股权分配的人

1. 无法持续提供资源的人

通常，为公司的启动提供文化、旅游和交通、电信运营等行政资源的人都存在很大的不确定性，不能作为合伙人参与股权分配。一个可行的办法是小公司可以聘请这些提供行政资源的人作为顾问来参与项目的启动，用资金去换取对于这部分资源的利用。

2. 兼职人员

做大做强公司的过程很漫长，需要投入大量时间和精力。非资金投入的兼职者是不能成为合伙人的，更不能参与股权分配。

3. 专家顾问

创业项目的启动和顺利运营需要专家顾问。通常情况下，建议小公司花钱聘请专家顾问，而不是用股权来换。因为，创业项目对顾问的需求一般都是临时性的，如果让专家顾问占有了一部分股权，不仅不能发挥专家顾问的应有作用，还会影响创业项目。

4. 早期员工

对于公司的早期员工，小公司为了吸引人才而提出给予小比例股权、甚至以小比例股权折抵工资的做法是不可取的。一方面，小公司早期的股权非常珍贵，不能轻易给员工；另一方面，员工并不会认同小公司的股权价值，很难起到激励作用。

如果小公司一定要用股权激励员工，就必须制定科学合理的股权激励计划。

5. 发展理念不同或者不能长期坚持的人

在做大做强公司的过程中，拥有志同道合的合伙人至关重要。很多创业团队在创业的中途分崩离析，就是因为团队成员的理念、目标和追求都不相同。

总之，一般情况下，当入股人员确定后，就可以正式进行股权的分配了。出资比例是小公司股权分配时需要考量的重要因素，当所有合伙人的优势基本相当时，股权比例应当由出资比例决定。但在实际操作的过程中，由于合伙人的贡献或者价值大小不同，通常会有股权调整的空间，特别是在科技型、互联网型的公司里，创意或者执行力都是比出资比例更重要的衡量因素。

我们来看以下两个例子。

例1：旅游领域的合伙人A和互联网技术高手B准备联手创立旅游领域的O2O公司，两人分别出资100万元。在进行股权分配时，考虑到A比较外向，更具有领导能力和意愿，B偏重技术实干，两人的股权分配如表9－1所示。

表 9-1 合伙人 A 与技术高手 B 的股权分配方案

合伙人团队	股权分配比例	实际持有股权比例	预留股权
合伙人 A	70%	40%	15% 预留给后进入的合伙人或合伙人之间的股权调整；15% 为期权池大小，用作员工激励
技术高手 B	30%	30%	0

例 2：A、B、C 三人合伙创立公司，A 出资 10 万元，负责公司的整体运营；B 出资 10 万元，负责产品的研发与维护；C 出资 80 万元，不参与公司运营。此时，如果按照出资额计算，三人的股权分配比例应该是：10%：10%：80%，但这样的分配显然不合理。让出资最多但不参与公司运营的 C 占股最多，一是难以实现公司的有效运作，二是无法有效激励核心创业团队——A、B 全心全意要把公司做大。

从以上两个案例中我们可以看出，当小公司在进行股权分配时，出资比例是需要考虑的首要因素，但不是唯一的决定因素，还需要综合考虑多方面的实际情况。

➢资源提供者应占有相对多的股权

公司在做大做强的过程中，需要的资源非常多，但项目的侧重点不同，资源的重要性也就不同。比如，有些项目的启动依赖某位合伙人的专利；有些项目最重要的是创意；有些项目最重要的是推广渠道资源；还有的项目仅仅依靠某个合伙人的信誉就能导入项目所需的资源。前文说过，对于短期阶段性发挥作用、价值不高的资源，小公司不应当用股权去交换。但对于提供高价值资源的合伙人，小公司还是要赠予其股份并适当提升股权的比例。

针对提供高价值资源的合伙人的股权分配，下面提供三种分配方式供小公司参考。

1. 长期资源提供者的股权分配方式

在给长期资源提供者分配股份时应该考虑利益合作分成、利益与贡献的累进制分成以及适当比例的股权长期绑定，分配比例视资源对项目发展的重要程度而定。

2. 专业技术人员的股权分配方式

若专业技术人员为全职，应给予较高比例的股权，并按照合伙人标准分期、分批给予股权；若技术人员为兼职，应通过期权池分配少量股权，而不能按照合伙人的标准。

3. 外部核心资源合作者的股权分配方式

对外部核心资源合作者，小公司可以通过期权池和虚拟股票进行业绩激励和价值绑定。需要注意的是，这种方式必须要做工商登记变更，股份由创始合伙人代持或建立有限合伙公司代持。

总之，小公司在发展的各个阶段对资源的需求是不一样的，对于资源提供者的股权分配，应当科学评估其所提供的资源在初创过程各个阶段的作用，以充分调动合伙人的积极性。

➢避免合伙人股权与其贡献不匹配

小公司在进行合伙人股权分配时，要避免合伙人股权与其贡献不匹配。当合伙人发现自己得到的股权与其贡献不相匹配时，合伙人会感到不公平，从而心怀不满，这样会导致合伙人之间产生股权之争，不仅不利于公司的长期发展，也很难让投资人有信心投资你的公司。

那么，小公司应该如何避免合伙人股权与其贡献不匹配呢？

公司股权往往是一次性发放给合伙人的，但是合伙人对公司的贡献却是分期进行的。所以，这就很容易造成合伙人做出的贡献与分到的股权不匹配。

比如，A 根据当时的出资和职位，获得了 15% 的股权。公司经过三年的发展，规模逐渐扩大。在这个过程中，A 为公司兢兢业业，付出了很大的努力。后来，公司又陆续加入了许多新合伙人，其中 B 的股权也是 15%。A 就感到不平，觉得自己付出那么多，却和晚三年到公司的 B 的股权一样多。

面对这样的问题，小公司需要如何解决呢？如图 9－5 所示。

图 9－5　合伙人股权与其贡献不匹配时的两大处理方法

1. 先了解合伙人，再确定股权

男女双方结婚，往往不是刚认识就去领证，而是先相处一段时间，在恋爱过程中了解对方的习性、性格、品行等。如果最后觉得合适，才会结婚。公司与合伙人之间同样如此，也需要一个磨合期。双方可以签订一个合同，明确合伙人的最短合伙期限，比如一年、三年等。在这个期限之内，股权可以由创始人代持，或者分期发放。

在这个过程中，合伙人可以发现公司是不是有持续发展的潜力，或者评判自己的能力是否可以为公司做出贡献。同样，公司也可以综合考察每个合伙人对公司的贡献是多少，观察合伙人的能力和水平。

有了这个磨合期，合伙人和公司的关系就能慢慢走上正轨，合伙人会得到合理的股权，公司也会更快速地稳定发展。

2. 预留股权池

面对合伙人觉得股权与贡献不匹配的问题，公司还可以采取的一个有效方式就是——预留期权池。

事实上，几乎没有一家成功的公司是将股权一下子全部发放的。这些公司往往都会预留大量的期权池，比如京东、360、小米等。预留的期权池会给公司股权调整的空间和机会，让公司可以向那些对公司后期发展做出巨大献，但持股权较少的合伙人发放股权。

此外，预留期权池可以吸引更多合伙人加入企业。新的力量进入老的团队，就好比将牛奶倒入咖啡，如果不充分搅拌，两者肯定不能融合。建立股权蓄水池，才能让新老合伙人都觉得有奔头，无论是新合伙人还是老合伙人，都能保持最初的干劲，这才是合伙制公司发展壮大的关键。

新东方的创始人俞敏洪在这方面就做得很好。最初他手中持有的股份是 55%，后来他看到未来可能会有新的合伙人加入的问题，于是就拿出了 10% 的代持股权作为股权池，而这 10% 的股份就是为新的合伙人所准备的。

无论是先了解合伙人再确定股权，还是预留期权池，都能很好地解决合伙人贡献值与股权不相匹配的问题。只有解决了合伙人的心理平衡问题，公司才可以平衡地发展下去。

➢签署股权分配协议

很多小公司在设计合伙人股权分配方案时，或是碍于情面，或是忙于发展公司，只是在口头上约定股权如何分配，并没有签署股权分配协议。一旦公司成长起来，合伙人要求按照股权比例分享利润时，口头约定就可能难于兑现，而如果在这个时候再去讨论股权如何分，就很容易使分配方式不能满足所有人的预期，从而影响公司的发展前途。

所以，小公司应该在合伙人进入时就签署书面股权分配协议，约定各合伙人的股权比例。同时，还应该约定股权兑换机制，公平保护合伙人之间的付出，激发各合伙人尽心尽力为企业效力，保证企业的稳定发展。

9.3

2～5人合伙，如何分配股权

小公司的合伙人一般由2～5人构成。小公司合伙人的股权分配问题，不仅是小公司自身关注的焦点，也是股权融资中投资人关注的重点。

事实上，合伙人股权分配没有一个公式或者一个模型能够适用于所有的公司。关于具体有几个人合伙，如何分配股权，要综合考虑多方面的因素。在讲解2～5人合伙如何分配股权之前，我们不妨先来看看早年的餐饮巨头——真功夫，三个合伙人因股权分配问题导致的股权之争。

➢真功夫的股权之争

真功夫，是我国知名的快餐品牌，同时也是规模最大、发展最快的中式快餐公司。不过，近几年来，其股权之争知名度恐怕早已超出了其品牌的知名度。

2007年10月，真功夫获得了今日资本和联动投资两家PE的大额投资。在2010年前，真功夫以其独特的商业模式和发展前景，吸引了众多股权投资基金的青睐。基于如此强劲的发展势头，真功夫和资本方都决定在2010年实现上市。然而，谁也没有料想到的是，如此强劲的公司会在接下来的股权之争中走向滑铁卢，上市之路也愈发遥不可及。

下面我们一起来回顾一下真功夫的案例，能够让我们对合伙人股权分配给公司和资本的影响进行深入地思考。

真功夫的前身是东莞的一家甜品店。后来，甜品店创始人潘宇海和姐姐潘敏峰、姐夫蔡达标每人投资 4 万元，将甜品店改成了快餐店。当时，这三人的股权是这样分配的，如图 9 -6 所示。

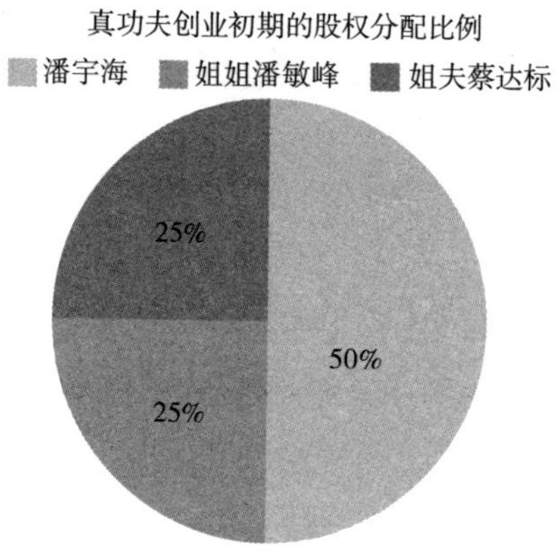

图 9 -6　真功夫创业初期三个合伙人之间的股权分配

基于这样的股权分配，当时潘宇海掌握公司的主导权，姐夫蔡达标负责店面扩张，姐姐潘敏峰负责收银。经过三年的艰苦创业，发展势头良好的真功夫开始在全国多地开设连锁店。此时，负责门店扩张的姐夫蔡达标在公司中扮演了越来越重要的角色，从 2003 年开始，真功夫的主导权渐渐从潘宇海手中移到了蔡达标手中。

2006 年 9 月，姐姐潘敏峰与蔡达标签署了离婚协议，潘敏峰所持有的 25% 的股权也转到了蔡达标手中。2007 年，真功夫以其独特的商业模式和发展前景，吸引了今日资本和联动投资两家 PE 的青睐，获得了 1.5 亿元的大额投资，两家 PE 对真功夫的估值达到 50 亿元。此时，真功夫合伙人之间的股权分配变成了这样，如图 9 -7 所示。

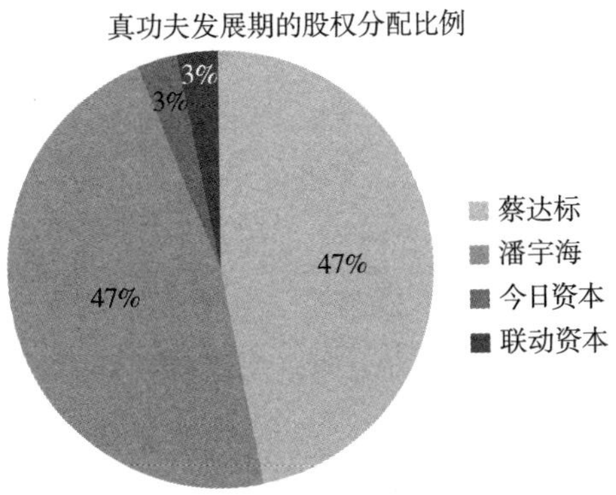

图 9－7　真功夫发展期两个合伙人及 PE 之间的股权分配

“天下熙熙，皆为利来；天下攘攘，皆为利往。”可以说，今日资本和联动投资之所以选择投资真功夫，很大原因是因为看中了蔡达标的能力。在之后的股东会和董事会上，PE 总是毫无保留地支持蔡达标，创始人潘宇海被逐渐边缘化。与此同时，蔡达标为了进一步掌控真功夫，辞退了很多与潘宇海关系密切的中高层管理者，企图架空潘宇海。

为了反击蔡达标，潘宇海使出了翻旧账的“杀手锏”，控诉蔡达标恶意侵占，亲手将昔日的姐夫兼合伙人送进了监狱。

随着蔡达标最终获刑 14 年，原本计划 2010 年上市、发展势头突飞猛进的真功夫开始走向滑铁卢，上市之路也愈发遥不可及。真功夫的股权之争被媒体争相报告后，很多人将其衰落的原因归结于家族公司。事实上，家族公司的确是一方面的原因，但真正让真功夫走向衰败的，是合伙人之间的股权分配。自始至终，真功夫的两位合伙人的股权分配始终保持着平均，而这种平均分配的股权结构，正是真功夫走下神坛的罪魁祸首。

平均分配的股权结构也被称为世界上最差的股权分配结构。一是这种股权结构无法形成制约，一旦合伙人意见不一致，就很容易产生矛盾；二是这种股权结构缺乏公平性，毕竟每个股东对公司的贡献都是不同的，如果贡献大的股东和贡献小的股东拥有一样的股份，就会引发股权之争；三是这种股权结构让公司没有核心股东，容易造成股东矛盾。

其实，合伙创业和合作打游戏是一样的道理，在游戏正式开始之前，我们必须设定相关的游戏规则，在创业之初，我们也同样要确定股份和未来扩股的原则。每一位合伙人觉得自己的有形资产和无形资产值多少钱，都应该在创业之初开诚布公地说出来，规矩一旦确定，人人必须遵守。

➢2～5个人合伙的股权分配比例

在前文已经说过，小公司合伙人一般有2～5个人。合伙人的数量不同，股权分配的方式也会不同。下面，我们将说说不同几个人合伙，该如何分配股权。

1. 两个人合伙的股权分配方式

两个人合伙在小公司中非常常见，股权分配也相对简单。

（1）常规下，两个人合伙最正确的股权分配比例。

通常情况下，建议有两个合伙人的公司在进行股权分配时可参考图9－8所示的分配比例。

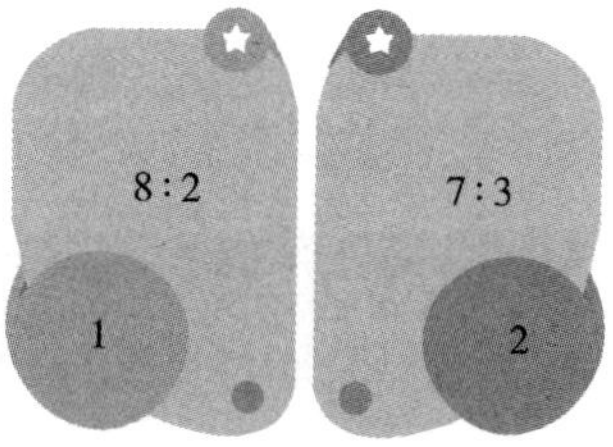

图9－8　两个人合伙的股权分配比例

（2）特殊情况下，两个人合伙最正确的股权分配方式。

以上两个股权分配比例只是针对于大多数情况下两个人合伙的股权分配，除此之外，一些特殊情况，其股权分配也不同。

- 当合伙的两个人均为全职，且一个能力强、一个能力弱，股权的分配应该遵循“能力强占大股，能力弱占小股”的原则。

- 当合伙的两个人一个全职、一个兼职，股权的分配应该遵循“全职的合伙投小钱占大股，兼职的合伙人投大钱占小股”的原则。

需要注意的是，这种分配方式在具体操作时还应该明确发起人是谁。通常情况下，谁发起谁带头。如果遇到发起人兼职、合伙人全职的情况，要遵循两个原则：一是发起人转变成投资人，占小股；二是发起人通过分红方式约定，干活多的人占大股。

（3）合伙人为夫妻时最正确的股权分配方式。

合伙人为夫妻的现象在小公司中非常常见。从婚姻法的角度来说，夫妻合伙创办的公司属于夫妻共同财产。所以，在大多数夫妻合伙创办的公司中，股权均分是最常采取的股权分配方式。其实，这种股权分配方式弊大于利，很可能导致创业失败或者分家散伙。

当合伙人为夫妻时，我们首先要弄清楚分红权和表决权两个权利，然后按照“分红权各占50%；谁承担的责任更大、谁带头，谁就拥有100%的表决权”的原则进行股权分配。

夫妻共同创业时还应注意，当公司越办越大时，其中一方的角色应慢慢淡化，要懂得退让的艺术。唯有此，才能做到事业和家庭的双丰收。

（4）两个人合伙需要规避以下几种常见错误分配。

- 50%：50%。股权平分是两个人合伙时最容易犯的股权分配错误，在上面的内容中，我们已经论述了其危害。

- 90%：10%。两个人的股权分配悬殊太大，会打击小股东的积极性，不利于公司的发展。

- 51%：49%。这种典型的“兄弟情谊”式股权分配让两位合伙人都说了算，又都说了不算，也容易把公司做死。

2. 三个人合伙的股权分配方式

当一个公司的合伙人为三人的时候，最合理的股权分配应该如图9－9

所示。

图 9 -9　三个人合伙最合理的股权分配比例

三个人合伙需要规避的以下几种常见错误分配。

- 33.4%：33.3%：33.3%。这样的股权分配容易导致股权与贡献的不匹配，做出贡献大的股东和做出贡献小的股东拿同样的股份会引起做出贡献大的股东的不满，从而引发股权之争。

- 48%：47%：5%。这样的股权方式容易让小股东成为另外两大股东的争夺对象，从而让小股东有利用自己 5% 的股份制衡大股东的机会，不利于公司的稳定。

- 40%：40%：20%。三股东绑架大股东与二股东。

- 95%：3%：2%。创始人吃独食。

3. 四个人合伙的股权分配方式

对于小公司来说，四个合伙人是最不安全的，一旦股权分配比例不合理，就会产生小股东控制大股东的被动局面。四个人合伙最合理的股权分配与三个人合伙是一样的，如图 9 - 10 所示。

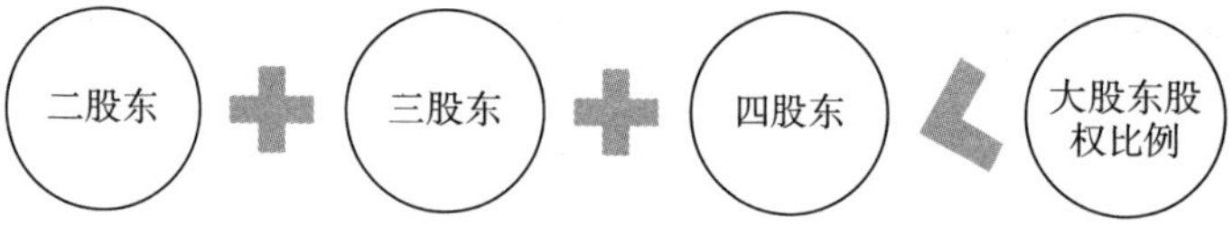

图 9 -10　四个人合伙最合理的股权分配比例

四个人合伙需要规避以下两种常见错误分配。

- 25%：25%：25%：25%。这种分配方式也属于上文提到的平均分配股权。

• 35%：18%：18%：29%，典型的博弈型分配方式，合作起来大家都会吃力。

4. 五个人合伙的股权分配方式

“54321”是五个人合伙时最合理的股权分配方式，如图 9－11 所示。

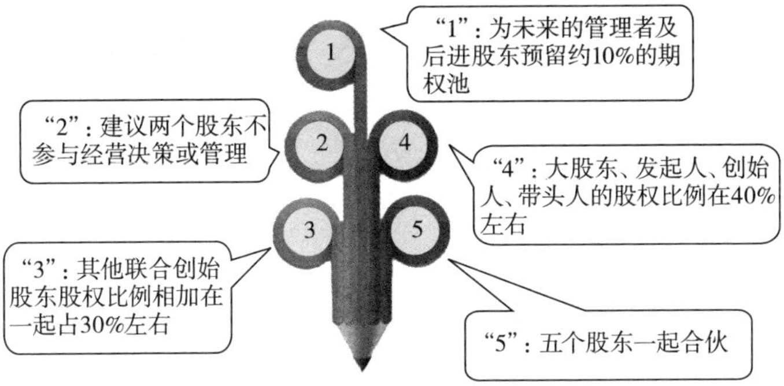

图 9－11　五个人合伙股权分配方式

五个人合伙需要规避以下两种常见错误分配。

• 1 >2 +3 +4 +5。容易造成大股东独裁，如果大股东决策错误，就会给公司带来灭顶之灾。

• 1 <2 +3 +4 +5。容易造成小股东达成一致，绑架大股东的局面。

合伙人的股权分配就像一场博弈，分配合理能促进公司的发展，分配不合理则给公司带来灾难。以上介绍的五种不同数量合伙人的股权分配方法，希望可以在股权分配的实际操作中帮助到大家。

9.4
合伙人股权的进入与退出机制

近几年，我见过无数版本的合伙人股权之争的故事。有的因为股权分配问题，有的因为股权结构问题，有的因为贡献和利益不平衡……总之，不管出于什么样的原因导致的问题，我发现，小公司合伙人之间之所以频繁爆发股权之争，其根本之源在于他们没有设计合伙人股权的进入和退出机制。这就好比是，夫妻两个人在结婚之前不明所以，结婚后才发现，俩人不太合适，想离婚时，却又不知道该如何离婚？

➢合伙人进入机制

纵看如今的小公司，大多处在“缺钱、缺人”的状态，一旦拥有资金、或技术能力的合伙人愿意加入公司，创始人无不欣喜若狂。于是，在合伙人的股权进入上，小公司无不是“零”门槛，没有任何的进入机制。试想一下，如果你的公司大门常打开，却又没有任何规则，将会是怎样的一番情景？

话虽如此，但对于绝大多数的小公司来说，的确对合伙股权进入机制没有什么经验。在正式讲解如何设计合伙人股权进入机制之前，我们先来仔细研究一下马化腾是如何设计合伙人股权进入机制，用股权打造强大的商业版图的。

故事还要从1998年讲起，当时的马化腾只是一个创业者，在梦想的支撑下，他和同学张志东一起注册成立了深圳腾讯计算机系统有限公司。当时的腾讯可不是如今的自媒体大亨，只是一个很普通的创业公司。为了公司的发展，马化腾在腾讯成立两年里，先后吸引了三位合伙人，他们分别是：曾李青、许晨晔、陈一丹。这五位合伙人被外界称为腾讯的“五虎”。

当然，这几位合伙人进入腾讯的股权并不是随意分配的，为了公司的发展和避免彼此争权夺利，马化腾在一开始就设计了一个很好的“婚前财产协议”，即合伙人股权进入机制。当时腾讯的合伙人股权进入机制是这样的，如图9－12所示。

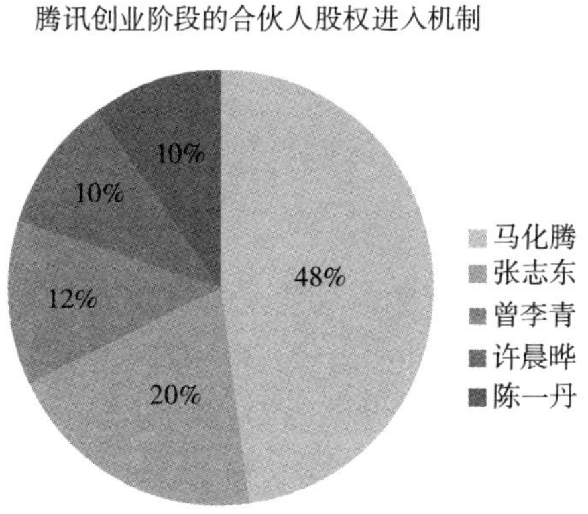

图9－12　腾讯创业阶段的合伙人股权进入机制

除了明确几位合伙的股权比例，马化腾设计的合伙人股权进入机制还有三个主要原则：一是坚持主要的资金，占大股；二是在股权比例上马化腾认为，其他4个合伙人的股权总和加起来要比自己多一点，这样可以避免形成垄断、独裁的局面；三是未来的潜力要和应有的股份相匹配，不匹配就会出问题。

虽然说如今腾讯的成功，并不能完全说与马化腾当初设计的合伙人股权进入机制有关，但马化腾的进入机制，既让几位合伙人全心全意地为公司的发展做出贡献，又避免了合伙人之间的股权之争，侧面地保证了腾讯企业的稳定发展。

虽然如今曾李青、陈一丹、张志东先后从腾讯卸任，但通过他们三人的行为来看，他们确实与腾讯、与马化腾建立了深厚的“革命友谊”。

纵观腾讯“五虎”打造强大商业版图的过程，除了其各自的才华和能力外，还得益于设计了合伙人股权进入机制。事实上，只要我们仔细地研究那些成功的公司，就会发现，凡是合伙人之间没有“仇人”式散伙的，必定都在合伙人股权进入时就有一个合理、规范的机制。

那么，小公司到底应该如何设置合伙人股权的进入机制呢？

诚实地说，合伙人的股权进入机制是一件私人的事情，每个公司的情况不同，合伙人的人数和拥有的资源不同，进入的机制也就不同。这里没有放之四海而皆准的方法，不过以下几个要点可供小公司参考。

1. 明确创始人的绝对控股权

合伙人股权结构设计首先需要明确的就是公司创始人的股权及其拥有的权利，包括在股东会拥有的表决权和对公司的控制力。在一个公司里，主要的创始人往往只有一个。这个创始人一般投资比较大，既有创业能力，又有创业心态，还有长期全职投入预期，把握着公司整体的发展方向。那么创始人的股权应该如何分配呢？

公司的创始人往往也是公司的 CEO，在股权占比中，CEO 一定是核心股东，要占比较大的比例，一般会超过 50%，较大的公司和特殊结构的公司除外。在小公司里，创始人和联合合伙人之间的股权不要太接近，创始人要绝对控股。

通常来说，创始人和联合合伙人最常见的股权分配如图 9－13 所示。

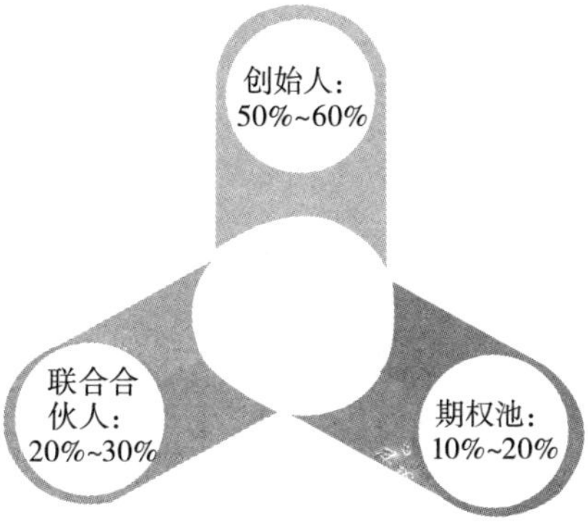

图 9－13　创始人和联合合伙人最常见的股权分配

国内的一个经典案例就是唯品会。2012 年，唯品会在美国成功上市，公司市值翻了近 5 倍。唯品会的成功离不开创始人沈亚的领导。沈亚作为唯品会的 CEO，拥有绝对的控股权，占公司的 56. 5% 的股份。这样的股权设计，可以让沈亚在做任何决策时都不受其他合伙人的控制。试想一下，如果沈亚没有绝对控股权，那么他所做的决策就不能很好地执行，公司就会像一只无头苍蝇，在发展过程中失去方向。那么，唯品会也不会有如今的成就。

2. 保证合伙人股东地位和持股比例

合伙人之间维系的基础就是：风险共担、利益共享。因此，小公司在设计合伙人股权进入机制时，要科学评估合伙人在公司做出的贡献和为企业创造的价值，保证合伙人的股东地位和持股比例，为未来合伙人并肩作战共进退打好基础。比如，马化腾从一开就给予了“五虎”的股东地位，从腾讯初创到发展壮大，这四位合伙人和马化腾风雨同舟、不离不弃，随着腾讯的市值剧增，“五虎”也是赚得盆满钵满，真正做到了合伙人之间同甘共苦。

3. 跳出完全按照出资比例分配股权的思维

现在的小公司出资中，除了资金，还有劳务、专利、技术、知识产权等，所以，小公司在设计合伙人股权结构时，完全按照出资多少分配股权是不合理的。建议小公司科学评估合伙人的各类出资（资金、创意、技术、运营、个人品牌），跳出完全按照出资比例分配股权的思维，鼓励有特殊价值的股东和员工，发挥人力资本最大优势，增强公司竞争力。

4. 谨防外部资本对公司控股

外部资本控股不利于公司的长期发展。首先，创始团队感觉是在为别人打工，没有足够的工作动力；其次，没有预留足够股权利益空间吸引优秀的合伙人加入，影响公司长远发展；再次，外部资本对公司的实际经营状况了解有限，容易做出错误的决策。

因此，小公司在做股权架构时，事先要考虑到未来融资对股权稀释的问题。一般来说，一个公司从初创到上市，需要经过4～5轮融资，如果种子轮或者天使轮融资出让股权过多，超过15%以上都会对后面A轮不利，最好在10%以内，并且在后面的融资轮次中尽可能采用小步快跑的方式，多融几轮没关系，但每一轮都不要对股权稀释太多，确保核心控股股东地位。

➢合伙人退出机制

俗话说“天下没有不散的筵席”，没有谁会永远陪在谁的身边，世上万物都有相应的“保质期”，合伙创业也是一样。在公司的发展过程中，总会有这样那样的事情发生，合伙人退出也是一个必然存在的现象。为了使企业继续稳定发展，不因合伙人的离开而陷入困局，未雨绸缪总是好的。

所以，小公司提前制定出有效的股权退出机制，避免合伙人在退出之际，因为股权问题产生矛盾，即使不可避免地出现问题也能够“有法可依”地妥善解决。即使是公司的合伙人是夫妻，在进入之初，也要设计合理的退出机制。

那么，小公司具体应该怎样来约定合伙人股权退出机制呢？小公司在设计合伙人股权退出机制时，要遵循以下原则。

1. 提前设定退出机制

在合伙人进入之初，小公司就应该做好退出机制的安排，合伙人约定好在什么时候合伙人可以退出，以及退出之后股权该怎么分配等。比如，当合伙人要退伙时，公司要在承认合伙人为公司做出贡献的基础上，按照一定价格回购股权。这是一个基本的原则，不仅关系到合伙人退伙顺利与否，更关系到一个公司的长久稳定发展。

合伙人散伙大致分为三个阶段，在不同阶段可以约定不同的分配规则。

（1）公司成立一年内。通常情况下，如果合伙人在公司成立一年内要求散伙，那么无论公司是否有盈利，都可以按原始投入退回资金。

（2）公司成立一年后，尚未盈利。以账面净资产作为公司价值计算退出资金，这里的账面净资产指的是账面有形净资产，不包括无形资产。

（3）公司成立一年后，已有盈利。如果不是上市公司，以账面净资产的倍数作为公司价值计算退出资金，这里的倍数要根据公司盈利能力来确定，或者找专业人士评估，也可以根据公司发展适当调整。

如果合伙人能够提前制定好散伙后如何分配财产的准则，那么无论谁离开，公司都不会因此陷入财产纷争的困扰之中。

2. 股权应该分期成熟

股权分期成熟有四种模式，如图9－14所示。

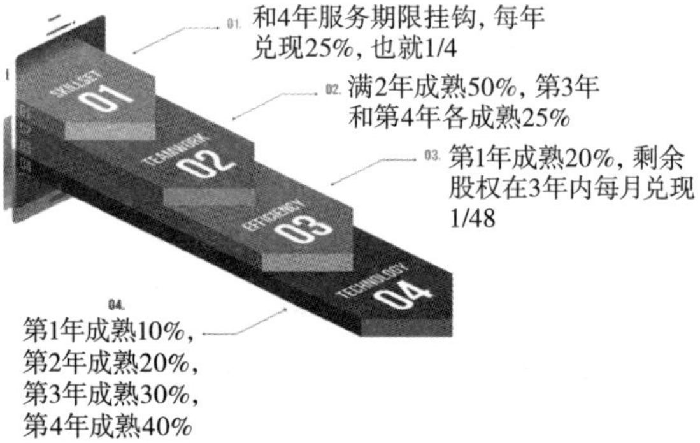

图9－14　股权分期成熟的四种模式

3. 合伙人中途退出，股权溢价回购

对于中途主动退出的合伙人，公司在回购股权时，要特别注意如何确定具体的回购价格。小公司可以从两个方面考虑：第一，按照合伙人退出时的价格基数；第二，按照溢价或者折价倍数。

4. 设定高额违约金条款

为了防止合伙人退出公司时，不同意公司回购股权，可以在设计股权退出机制的时候，在协议中设定高额的违约金条款。

5. 针对不同的退伙类别，进行不同的退出机制设计

除了以上几条基本原则，小公司还需要针对不同的退伙类别，进行不同的退出机制设计。下面，我将针对几种常见的情况，告诉大家在合伙人退出机制上如何做约定。

（1）持股合伙人离婚。

社会离婚率偏高的现实，也是小公司在设计合伙人股权退出机制时需要考虑的问题。根据《中华人民共和国婚姻法》的解释：夫妻关系存续期间，如果没有特殊约定，股权被视为夫妻共同财产。这样，如果某位合伙人离婚，那么，他所持有的股权将被视为夫妻共同财产进行分割。这样做

很容易因为夫妻离婚后财产的分割，给合伙人的公司带来股权上的变动，从而影响到公司的发展。

所以，在设计合伙人股权退出机制时，小公司可做一些相关的约定，即要求合伙人与现有或未来配偶约定股权为合伙人一方个人财产，或约定如果合伙人离婚，其配偶可以得到经济利益，但不具有主张公司事务的任何权利。

（2）持股合伙人犯罪。

如果合伙人中有一人犯罪，被追究刑事责任，其不能或不适合再继续参与公司管理，则应强制其退出，他的未成熟股权由其他合伙人溢价或折价回购。

（3）持股合伙人去世。

从法律上讲，股权属于遗产范畴。《中华人民共和国公司法》也规定，当股权成为遗产后，继承人有权继承股东资格和股权财产。为了避免因股东资格的继承给企业带来不便和隐患，可以提前通过公司章程约定。一旦有一方合伙人去世，他的继承人只能继承股权财产，而不能继承股东权利。

第10章

股权控制：

牢牢掌握公司的控制权，抵御“野蛮人”入侵

融资的迫切需求与公司控制权的舍与留，让很多小公司的创始人颇为纠结。创始人熬过创业的艰辛，将公司做到一定规模，谁也不想在“吃肉”的时候被踢出局。股权与控制权，一场制衡与反制衡的战争正在上演。

10.1

小公司不得不捍卫的七条股权生死线

小公司的腾飞之路充满荆棘，每一个创始人都在使出浑身解数做大做强公司。但不得不承认的是，随着公司的发展，创始人的股权在进行融资、股权激励的过程中不断被稀释，股份比例不断减少。当股权被稀释到一定程度，按照“同股同权”的原则，创始人对公司的控制权就很有可能被“外人”夺走，控制权受到了威胁。

美国著名律师约瑟夫·弗洛姆曾说：“如果有一项权利是企业家非争不可的话，我想只能是控制权了。”为什么控制权的诱惑力这么大？控制权是小公司老板掌握公司的根本权利，控制权没有了，也就意味着自己辛辛苦苦建立起来的基业没有了。这就犹如一辆汽车，创始人一定要当司机，指引前进的方向。因此，股权融资过程中的股权设计，对于控制权的把握，一直是小公司的创始人的一块心病。

下面我们来对两组公司进行一个比较，让大家直观地感受到掌握公司控制权和不掌握公司控制权的不同，如图 10 - 1 所示。

其实，从这些公司的发展历程来看，他们都是由一个小公司慢慢做大做强变成如今的商业帝国的，但是创始人的命运却天差地别。出现这种情况的原因有很多，后者之所以会造成公司逐渐衰败，最主要原因是因为他们失去了对公司的控制权。阿里巴巴和京东之所能成功，是因为马云和刘

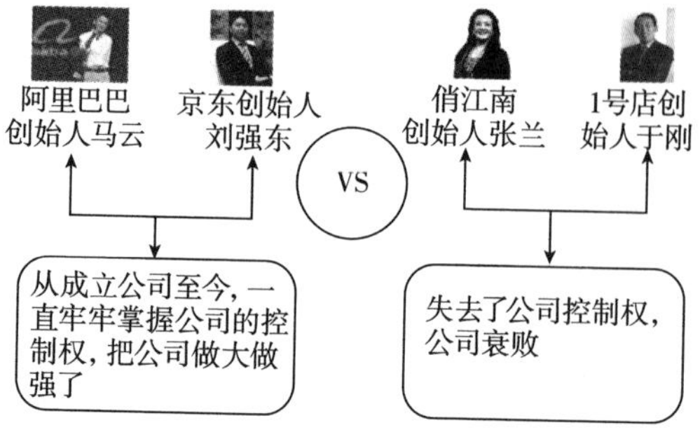

图 10－1　掌握公司控制权和不掌握公司控制权的不同

强东不管在公司发展的任何阶段，都牢牢把握住了公司的控制权。

在我国，就目前的情况而言，涉及到公司控制权的案例数不胜数，这其中不乏成功人士的案例，但失败的前车之鉴也不少。

➢马云是如何与资本博弈，牢牢掌握企业控制权的

阿里巴巴 17 年的历史可以说是一部马云的个人奋斗史。人们只对一个屡屡碰壁的“草根”如何逆袭的故事津津乐道，但是却忽略了马云为了把公司的控制权牢牢掌握在手中，是如何与资本周旋博弈，步步为营的。

就拿阿里巴巴上市的过程来说，也是充满了血和泪。你也许会产生疑惑，作为全球最大的电商交易平台，想上市还不是件容易的事。可是阿里巴巴却吃了两回港交所的闭门羹，这又是为什么呢？

原因就在是港交所有一条“同股同权”的上市规则。意思就是说，该公司必须要满足公司内部持有相同股份的股东，享受的股权也是一样的，同股不同权的公司是不可能在港交所上市的。可是，马云就是通过独特的“合伙人制度”来保障自己的控制权不受威胁的。也就是说，在阿里巴巴公司内，持有相同股份的股东，享受的权益有可能不一样，因此，阿里巴巴只能暂时告别港交所。

过了一段时间，阿里巴巴向纽交所递交了自己的招股说明书，马云在

这份招股说明书中，专门对他的“合伙人制度”进行了解释。在阿里巴巴公司内，马云和蔡崇信是永久合伙人，其他的合伙人在离开阿里巴巴以及任何相关公司时，他的合伙人资格自动取消。每一年，已有合伙人可以提名新的合伙人候选人，这些候选人需要同时满足以下三个条件：

（1）在阿里巴巴或关联公司工作 5 年以上；

（2）对公司的发展有突出贡献的；

（3）对公司的文化高度认同，愿意为公司前途、愿景和价值观鞠躬尽瘁等。

在担任公司合伙人期间，每一位合伙人都会分到一定比例的公司股份。截至阿里巴巴递交招股书时，阿里巴巴共有 28 名合伙人。阿里巴巴的合伙人有权提名董事人选，以及分配奖金。

其中，最关键也是最精彩的部分就是董事提名权，这也是阿里巴巴“合伙人制度”最饱受争议的部分。招股书中特别提到：“依据公司章程，阿里巴巴集团上市后，阿里巴巴合伙人有权提名阿里巴巴过半数董事，提名董事需经股东会投票过半数支持方可生效。”

这是什么意思呢？就是说，根据公司章程规定，阿里巴巴的合伙人有权利提名半数以上的董事人选，公司上市以后，阿里巴巴集团的董事会成员将会增加到 9 个人，也就是至少有 5 名董事代表着阿里巴巴集团的利益，进而控制集团董事会，掌握公司的控制权。如图 10－2 为马云掌握公司控制权的示意图。

实际上，还有很多资本基于阿里巴巴的实力，对阿里巴巴进行投资，想在董事会中有一席之地，分一杯羹，但是这些资本和阿里巴巴根本不是一伙儿的，日后可能有“谋权篡位”的情况出现。可是如今阿里巴巴集团在整个董事会中占据半数以上席位，在很大程度上，保证了自己江山的稳定。

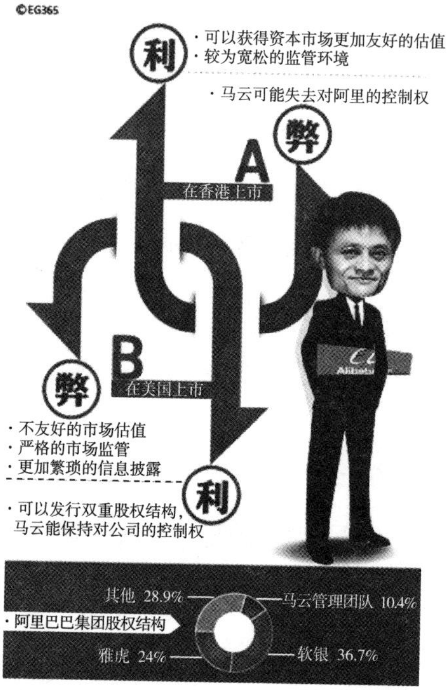

图 10－2　马云掌握公司控制权示意

虽然表面上看起来，阿里巴巴的“合伙人制度”和“同股不同权”的股权架构还有区别，但二者有异曲同工之处。只不过，前者是直接通过公司章程规定，来保证自己的控制权；后者是通过让少数“自己人”掌握多数股权来保障控制权。但是港交所的规定就很简单粗暴了，谁持有的股权多，谁就能掌握公司控制权。

很明显，不管是通过公司章程直接规定，还是重新设计股权结构，阿里巴巴都与港交所的规则相违背。正是因为阿里巴巴的“合伙人制度”不符合港交所的规则，并且香港特区政府和港交所都已经明确表明不会为其开绿灯，而马云和他的管理团队又坚持不做让步，才不得不放弃港交所，转向在美国纽交所上市。

➢七条股权生死线

不管是马云还是刘强东，不管是马化腾还是李彦宏，从成立公司的那一天开始，就算天塌下来，他们也不会把控制权拱手让人，他们要把控制权紧紧握在自己的手中，带领公司稳步发展。就像前文提到的，马云为了维护“合伙人制度”，不惜放弃在港交所上市的机会，转向难度更大的纽交所。在这里，我想引用天使投资人徐小平先生的一句话：

“如果创业者一开始就把主权让出去，给出去 60% 的股份，再伟大的公司也做不下去；我（创业者）只要把事情做起来，股份多少不重要，这是错误的，凡是不以股份为目的的创业都是要流氓。”

从上面的案例也可以得知，如今“互联网 +”是主流环境，小公司的创始人如何在这种环境下保护好自己的控制权是值得重视的问题。小公司的创始人想要保护好自己对企业的控制权，一定要重视以下七条股权生死线，如图 10 – 3 所示。

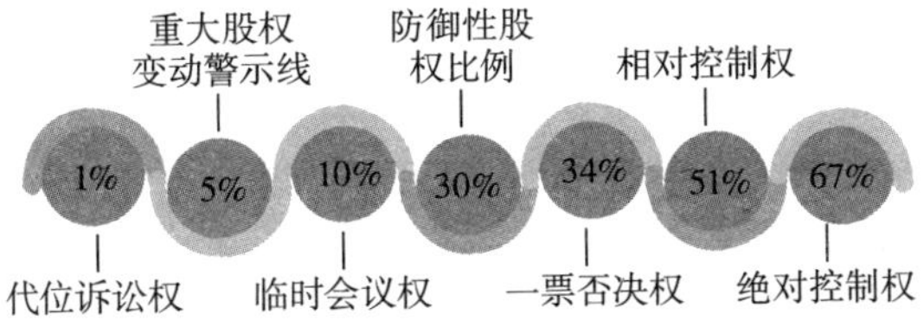

图 10 – 3　小公司不得不知的七条股权生死线

1. 1%：代位诉讼权

拥有 1% 的股权比例，其核心权利是：代位诉讼权。通俗地说，就是代替公司向侵犯企业权利的董事、高级管理人员或者第三人提起诉讼。

在股份有限公司中，连续三个月以上单独或者合计持有 1% 以上股份的股东，具有代位诉讼权。需要注意的是，对于股份有限公司的股东和有限责任公司的股东，其享有代位诉讼权的条件有所不同。在有限责任公司中，所有股东均有权代替企业向侵犯企业权利的董事、高级管理人员或者第三人提起诉讼，即使该股东的股权比例小于1%。不过，《中华人民共和国公司法》并没有剥夺股权比例小于1%的小股东对股份有限公司高层的监督权，因为这些股东也可以通过其他有资格的股东或者通过代表诉讼的方式实现自己的意愿。

2. 5%：重大股权变动警示线

拥有5%的股权比例，核心权利是：当股份比例增加或减少5%时，应该披露权益变动书。这也就是说，低于5%的持股比例的股东将不受此约束，不需要做增持或减持披露。

3. 10%：临时会议权

拥有10%的股权比例，核心权利是：请求法院解散公司的权利和召开临时股东会的权利。

临时股东会和临时董事会的重要性，在于经由会议这个舞台，参与人可以依法通报信息、平等对话、实时较量、对新提案表决，从而可能从根本上改变企业现有的人事格局和其他重大事项的布局，使企业发生根本改变。

4. 30%：防御性股权比例

拥有30%的股权比例，核心权利是：阻止其他股东持股比例超过2/3形成绝对控股，即针对他人取得企业绝对控股权的防御性股权比例。持股比例等于或超过1/3的股东还有可能获得1/3董事会席位。

5. 34%：一票否决权

拥有34%的股权比例，核心权利是：具有否决性控股权，也就是一票否决权。小公司老板需要注意的是：这里的一票否决权仅针对于关乎公司合并、分立等重大决策，对于其他半数通过即可的事宜，则无法否决。

6. 51%：相对控制权

拥有51%的股权比例，核心权利是：股份有限公司股东大会做出普通决议，必须经出席会议的股东所持表决权过半数通过；有限责任公司股东向股东以外的人转让股权，应当经其他股东过半数同意。

这也就是说，当创始人持有51%的股权比例时，就拥有了公司的相对控制权。创始人可以决定一些简单事项的决策，比如，聘请独立董事、解聘总经理、选举董事等。如果公司要上市，持有51%的股权比例，经过2~3次稀释后，还是可以拥有公司的控制权。

7. 67%：绝对控制权

拥有67%的股权比例，核心权利是：修改公司章程，增加或者减少注册资本，公司合并、分立、解散或者变更公司形式，非经2/3表决权的股东通过不能修改。

这也就是说，当创始人持有67%的股权比例时，就拥有了公司的绝对控制权，相当于100%的话语权，可以主导修改企业章程、合并、变更经营项目等重大决策。

10.2

小公司抵御“野蛮人”入侵的四大绝招

小公司要进行股权融资，势必会涉及股权出让的问题，如果设计不好，创始人可能失去对公司的控制权。

2015 年 12 月，宝能系和万科王石的股权之争达到了白热化的程度。根据万科发布的第一大股东变更公告：钜盛华通过竞价交易购买万科 A 股股票 549091001 股，占公司 4.969% 的股权。至此，钜盛华、一致行动人、前海人寿一共持有万科 A 股股票 2211038918 股，占公司 20.008% 的股权，正式成为公司第一大股东。

自从宝能系成为万科第一大股东后，王石就深刻地感受到自己对公司的控制权受到威胁，于是各种不爽。甚至出言不逊地说：“万科不欢迎宝能，你们不配。”万科在上市之前，王石拥有公司 40% 的股权比例。1989 年，为了让万科成功上市，王石放弃了万科的原始股份，从而也放弃了万科的控制权，成为一个职业经理人。

到了 2016 年年中，王石和宝能系的矛盾已经到了不可调和的地步。宝能系作为万科最大的股东想要罢免王石的职位，当时，宝能系和华润作为万科最大的两个股东，双方持股合计超过 40%，双方一旦联合，罢免王石简直易如反掌。万科当时的股权结构图如图 10－4 所示.

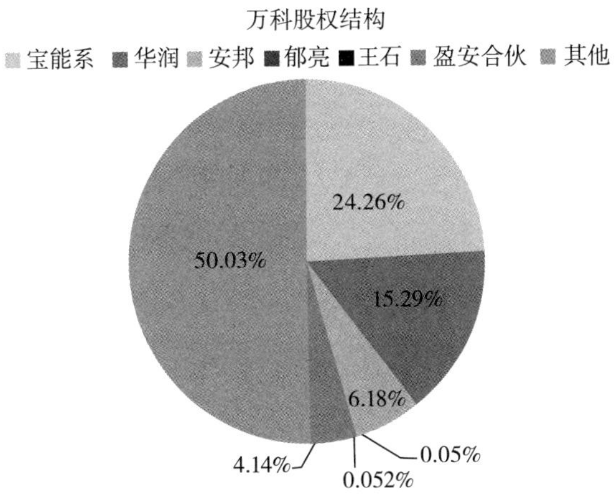

图 10－4　万科股权结构图

从图 10－4 中我们可以得知，万科的股权有以下特征：

（1）股权太分散；

（2）公司最大的股东是“外人”；

（3）真正经营公司的团队实际持股非常少，是小股东。

对于万科的股权之争，可以毫不夸张地说，正是由于王石始终不重视公司控制权而导致自己陷入被动尴尬的局面。

实际上，大部分公司稳步发展，走向成熟后，股权分散是必然的，这并不是一件坏事。但是股权太分散容易让公司的创始人大权旁落，因此，作为公司的创始人，大家必须要把公司的控制权牢牢把握在自己的手中。万科的案例就是前车之鉴。

那么，小公司的创始人该如何反击“野蛮人”的入侵？使用以下几招，往往能出奇制胜，如图 10－5 所示。

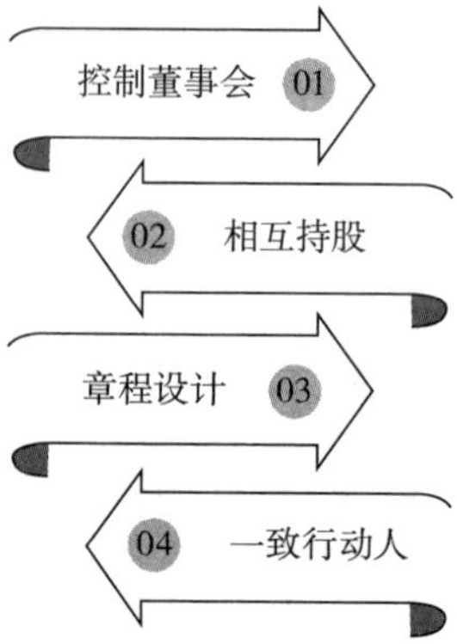

图 10－5　小公司反击“野蛮人”入侵的绝招

1. 控制董事会

关于董事会，有一个非常现实的道理：有一个好董事会的公司不一定是好公司，但有一个糟糕的董事会却一定能毁掉公司。在现实中，很多小公司在进行股权融资时，对董事会的条款不怎么重视，他们认为董事会不过是做做样子，听 CEO 做做报告。也有小公司的创始人认为，董事会里只要加入了某个名人做独立董事就能提升公司的名气……所以，不少小公司把引进投资人或吸引名人进董事会，当作建立、规范公司制度的基础。

事实上，组建一个良好的董事会是股权设计的重要组成部分。如果在董事会这件事上失误，则会影响整个公司的生命周期。下面，我们将“不受控制的董事会的危害”做了一个详细的列表（如表 10－1 所示），希望小公司可以参考一下。

表 10－1　不受控制的董事会的危害表

董事会可能做出的损害企业的行为	他们的权力来源
开除创始人管理团队，连还没有兑现的股票也作废	公司章程规定 CEO\ CFO\ COO 等高级管理人员是由董事会负责聘任的，离开公司股票还没有兑现的就作废

续表

拒绝其他投资人的投资意向，直到公司现金短缺。然后，强迫创始人以低估值从目前投资人那里募集下一轮融资，从而实现对企业的控制。	公司章程规定，发行新股、引入投资人，需要由董事会批准
将企业廉价卖给目前企业投资人投资过的其他公司	出售公司需要董事会批准

在小公司发展初期，董事大多由自己人构成，基本由创始人说了算。但股权融资成功后，新组建的董事会也是公司的“导师”，不管是中国的公司法还是国外的公司法，董事会都是公司中最高权力机构，股东对公司的管理权是通过董事会的选举和指派行使的。所以，小公司在董事会席位和设置上应该慎重考虑。

大部分情况下，公司初创时，创始人就是核心股东，拥有公司超过 50% 的股权，这样创始人在股东大会上有着决定的表决权。但随着公司一轮轮的融资，创始人的股份逐渐被稀释，所持有的股权往往会被稀释到 50% 以下甚至更低。这时，创始人如何让自己在董事会有着控制权呢？下面京东商城创始人刘强东的做法，提供了一个很好的借鉴。

从 2007 年至今，京东一共进行了九次融资，融资额达 18.77 亿美元。虽然京东越做越强，越做越大，但刘强东也付出了代价：随着融资的增多，京东的股权结构分散，刘强东的股权比例被大幅稀释。但即使如此，至今为止，刘强东仍然紧紧地掌握着京东的控制权。

刘强东之所以能在这样的情况下还保证大权牢牢攥在自己手中，离不开他的智慧。他在和每一轮的投资人签订协议时，一定会在条款中注明有关控制权的内容，既能拿到钱，又能掌握公司的控制权。京东上市前把股票分为 A 类股和 B 类股，两种股票享受的权益是不一样的，刘强东掌控的两家公司直接持 B 类股，其他入住资本持有 A 类股，B 类每股股票的投票权是 A 类股的 20 倍，这样算下来，即使有外部资本入驻，刘强东手中依然掌握着86.13%的投票权。

刘强东的这一方法就是所谓的“多倍表决权”。这种方法就是通过增大创始人所持股份表决权的数量来达到控制公司的目的。具体的操作方法为：其他股东的股份为“一股一票”，创始人的股份为“一股数票”。

对于小公司的创始人来说，自己千辛万苦地创立企业，怎么能被别人“顺手牵羊”呢？在实践中，控制董事会的方式主要有以下几种，如图10－6所示。

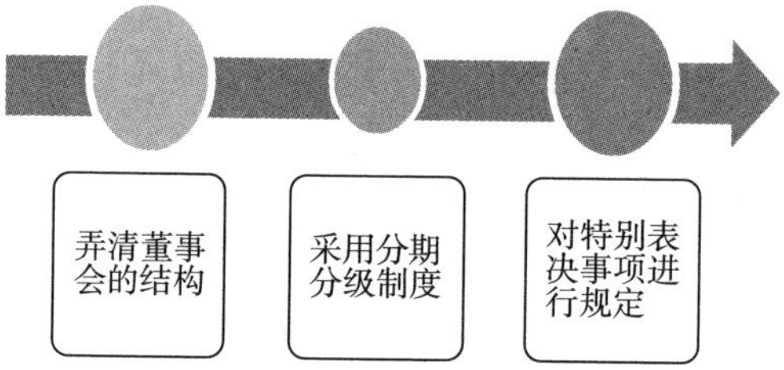

图10－6　小公司如何控制董事会

（1）弄清董事会的结构。

通过来说，一般的董事会由三个人构成，如图10－7所示。

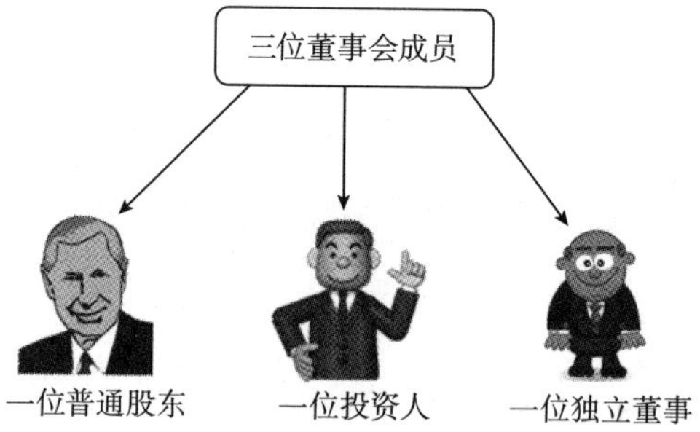

图10－7　董事会的席位

通常情况下，投资人本人一般不会亲自出任董事，而是推荐一位名人做独立董事。这位名人大多是投资人的朋友。所以，这个人不管在什么情况下，首先会维护投资人的利益。那么，小公司在设置董事会时，需要明确以下两个要点。

- 董事会的组成根据公司股权比例来决定。
- 通过投资人利益协定中的“保护性条款”来决定，而董事会是对公司全体股东的利益进行保护，也就是优先股权股东和普通股股东全部包含在内。

根据《中华人民共和国公司法》的相关规定，有限责任公司至少要有三名董事，股份公司至少有五名董事，但是这并不是世界通用规则。在国外一些地区，有的法律规定公司只能有一个董事。

董事会代表的是公司归谁所有，因此，董事会也应该按照股权拥有比例来设立，并且在董事会中，所有成员应该群策群力为公司效劳，而不是为了个人利益效劳。

小公司在完成 A 轮融资之后，为了提高董事会的工作效率以及后期的董事会扩容，董事会人数在 3 ~ 5 个人为最佳。假如 A 轮融资已经有两位投资人，而小公司的创始人只占 60% 的股份，那么就这种情况而言，这家公司的董事会科学的席位设置应该是 3 位普通股股东和 2 位投资人。

小公司之所以要弄清楚董事会的构成，不是说小公司要依附于董事会而存在，而是要避免一个糟糕的董事会把公司搞得更糟糕，让自己多年的奋斗功亏一篑。一个好的董事会，应该保证各方的平衡，保证企业稳健的发展。

（2）采用分期分级制度。

这一方法就是说在公司章程中对于董事会改选做出明确的规定。比如，限制每年改选董事的数量，或者改选的比例，这样，就算新进入的董事有了足够的股权，短时间内也不会对创始人对公司的控制权造成一定的威胁。

例如，隆平高科就在公司章程中规定：公司每三年内改选的董事席位不得超过全部席位的三分之一。

（3）对特别表决事项进行规定。

对于一些特殊的需要董事会表决的事项，要在公司章程里做出明确的规定，比如，董事提名，董事长改选、重大投资项目、收购融资等，这样做可以防止董事会大权旁落。

2. 相互持股

相互持股顾名思义就是两个公司，为了特定的目的，你持有我公司部分股份，我持有你公司部分股份。形成一种相互融合的股权结构。当其中一方遇到控制权威胁时，另一方可以伸出援手，提供帮助，保障对方的控制权安全。

关于这一点，我们可以来看看滴滴和 Uber 的案例。

滴滴和 Uber 成为战略合作伙伴后，Uber 将持有 5.89% 的滴滴股权，相当于 17.7% 的经济权益。同时，滴滴的董事长程维将作为 Uber 的董事，加入 Uber 董事会，Uber 的创始人也将加入滴滴的董事会。

在相互持股的背景下，两家公司相互依存，相互制约，在一定程度上是一种“连体婴”的关系，这种关系有利于抵抗外界恶意收购。

相互持股的前提是双方有一定的信任基础，签署相应的协议，保证自己公司股份的稳定，不被恶意稀释。因此，当相互持股公司的一方陷入控制权危机时，另一方就能站出来发出收购意向，与之共同对抗恶意收购，提升收购成本，让心怀鬼胎之人退步，从而放弃吞并的想法。

3. 章程设计

公司章程是公司的重要文件，是公司各项行为的指导方针，在不违反法律条款的前提下，小公司可以根据自己的实际情况对特殊行为做出特殊约定，防止公司控制权受到威胁。比如，在公司章程中加入这样的规定，“股东连续持股时间达到一年以上，才能行使自己的提案权和投票权”等，这样的规定是为了防止因为新股东的增加，而导致控制权旁落。

就拿阿里巴巴来说，阿里巴巴向美国交易证券委员会递交招股书之前，虽然软银是阿里巴巴最大的股东，但是，在此之前，马云和蔡崇信已经和软银达成共识，在没有马云和蔡崇信的同意下，软银不得撤掉阿里巴巴的任何一个“合伙人制度”选出来的董事，并且软银要将手中 30% 的投票权委托给马云和蔡崇信。这种情况下，即使马云手中的股份已经被稀释得只剩很少了，但是阿里巴巴的控制权还是在马云手里。

再如，在无锡有一家小公司叫“常欣科技”，2016 年修改公司章程，在原来章程中的第 28 条第二款中增加内容“公司董事、监事、高级管理人员在离职后半年内，不得转让其所持有的本公司股份”。此规定意在通过限制公司高层人员转让股份的权利来保证公司的股权结构不会在短时间内发生剧烈变化，这有利于稳定控股股东掌握公司的控制权。

4. 一致行动人

所谓“一致行动人”就是说通过某项协议，部分股东针对特定事项采取一致行动，在其他股东意见不一或者摇摆不定时，大家跟着一致行动人投票。比如，公司创始人之间，创始人和投资人之间就可以通过达成某项行动一致协议，增加创始人的股权投资权的含金量。一致行动协议的内容通常规定一致行动人同意在他作为公司股东期间，在行使自己相关股东权力时，和某一方的意见相同，来保证该方在公司中的控制权不受威胁。

一致行动协议在国内外公司都很常见，境内上市公司如网宿科技、中元华电、海兰信都有涉及，而境外上市公司如腾讯也同样存在。南非 MIH 公司持有腾讯 34% 的股份，而马化腾持股仅及 MIH 的 1/3，但 MIH 公司基于信任将投票权让渡给腾讯管理团队，实现马化腾的控制权。

小公司采用签订《一致行动协议》的方法是为了保证自己手中控制权的安全，在具体的操作中，需要注意以下两点：

（1）一致行动的含义是指解决矛盾的方式。

一致行动的目的是为了让一致行动人在股东大会、董事会、表决会上保持高度统一的行为。因此，作为一致行动人的股东应该在大会或者表决会开始之前就达成一致的意见，一致行动协议是为了解决矛盾和分歧，而不是创造矛盾和分歧。

（2）参与一致行动的股东和参与股东持股数额。

一致行动人不仅仅局限于大股东，只要是在公司有一定影响力的其他小股东，都可以成为一致行动人。这样，其他人就可以授权给公司创始人，让他代替自己行使相关权力，也就是变相地让创始人保障了自己控制权的安全。

一致行动人在行使权力时，要对他们所持有的股份进行计算。投资人在计算自己手中的股份时，除了要计算自己名下的登记股份，还要计算与自己一起的，一致行动人名下的股份。

10.3

创始人维持绝对控制权的三大策略

小公司要进行股权融资，创始人就势必要面临股权被稀释的问题。如果你想要确保自身股权在数轮融资不断稀释的情况下，仍在股东会和董事会上有较强的控制力和影响力，并且拥有公司的绝对控制权，可以从以下几方面入手。

➢股权掌握控制权法：创始人持有50%以上的公司股权

用股权掌握控制权是大多数小公司所用的策略。这一策略的具体实施方法是：创始人所占的股权比例至少要在50%以上，联合创始人占比10%~15%，天使投资人最多占比15%，这些人同比稀释15%的股权作为期权值。由于核心创始人对公司做出的贡献最多，承担的风险也最大，因此，持股50%以上是比较合理的。针对这一点，我们来看看下面这一家小公司是如何利用核心创始人持50%的股权，牢牢掌握公司控制权的。

在广西有一家科技公司叫SMT，规模不大，成立已经有6年了，如今发展势头正好，已经成功获得了好几轮股权融资。SMT刚刚成立时，股权分配是这样的，如图10-8所示。

后来，SMT进入高速发展期，急需扩大自己的团队。因此，周涛接触了另一位合伙人熊勇，希望他也能加入其中。最后，熊勇作为SMT的“业

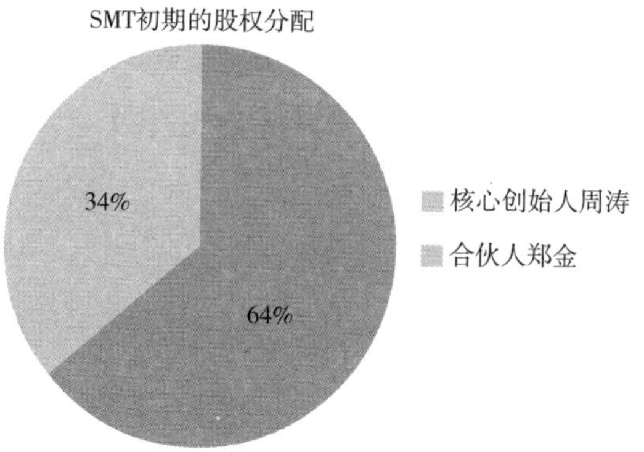

图 10－8　SMT 初期的股权分配

务经理”加入了团队。

但是，周涛并没有给熊勇股权，而是给他开工资——年薪＋业务提成，以及每年利润增长的 10% 作为回报。后来，SMT 的发展蒸蒸日上，以迅雷不及掩耳之势迅速占领了市场，熊勇也获得了一笔非常可观的回报。

即使 SMT 发展得这么如火如荼，还是会有不和谐的声音。SMT 的第一位风投认为 SMT 是一家小公司，应该进行扩张和公司股份重组。周涛在经过深思熟虑后，对公司的股权结构重新进行了设计，如图 10－9 所示。

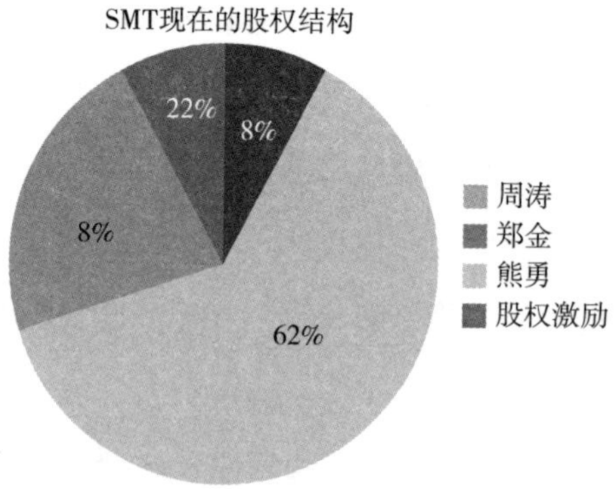

图 10－9　SMT 现在的股权结构

周涛的这一股权结构得到了很多投资人的认可，由此也成功获得了多轮融资，如今正在有条不紊地把公司做强做大。由此可见，周涛是一个有智慧和远见的创始人，他懂得利用股权牢牢掌握公司的控制权。

SMT 带给我们的启示是：股权对保障公司控制权有决定性的作用。因此，小公司在调整股权结构时，一定要把“钱”花在刀刃上，把股权给重要的人，给对公司发展做出巨大贡献的人。对于小公司的创始人来说，维持公司控制权要注意以下三点。

1. 不宜找太多的合伙人，股权不能平分

对小公司来说，创始人最好不要找太多的合伙人，而且股权不宜太分散，不管是合伙人还是投资人，股权平分就是潘多拉盒子，一旦打开，问题就接踵而至。股权平分的危害在前面的章节已经做过详细讲解，在这里就不再赘述。

2. 创始人要保证股权在 50% 以上

创始人在进行股权融资时，应该保证注入的资本占据的股权在总股权的 50% 以下，自己手中直接和间接控制的股权比例在 50% 以上。这样一来，不管是扩张还是融资，创始人都牢牢地把主动权掌握在自己手中。

3. 保证早期股东人数中“自己人”的人数比例大于一半

在公司发展初期，很多决策和项目需要公司一半以上股东表决同意之后才能施行。因此，在设置股东席位时，应该保证早期股东人数中有一半以上都是自己人，而且这个数量越多越好。

作为公司的创始人，应该知道股份和股权激励是完全不同的两个概念。拿出公司的利润和股东、员工一起分享这是激励，是尊重。但是股份不一样，股份涉及到相关股东权益，直接涉及到公司控制权问题，因此要格外慎重。

➤归集表决权法

如果小公司的创始人无法通过股份保证对公司的控制权，那就要另辟蹊径以维护自己的控制权了，归集表决权就不失为一种很好的方法。

什么是“归集表决权”？就是公司创始人把其他股东手里的表决权“收”到自己的手里，由创始人统一行使。这样就可以加大创始人表决权的分量。

比如，公司创始人手里只有30%的股权，对应的就有30%的表决权，其他小股东拥有的表决权加起来也有30%，如果创始人把这30%统一到自己手中，他就有60%的表决权。那么，公司创始人该如何归集表决权呢？主要有以下几种方法，如图10－10所示。

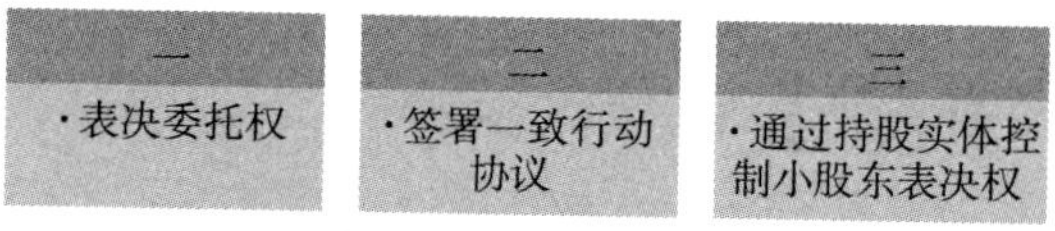

图10－10　归集表决权的方式

1. 表决委托权

表决委托是最简单的方法，具体操作就是小股东通过签署授权协议，把手中的表决权全权交予公司创始人行使。通常来说，小股东委托自己的表决权时，一般都有一个比较长的期限。

2. 签署一致行动协议

所谓签署一致行动协议，是指公司创始人和其他小股东签订协议，大家在表决前统一意见之后，再在表决会上进行投票。如果出现意见不一的情况，就按照公司创始人的想法进行表决。

3. 通过持股实体控制小股东表决权

通过持股实体控制小股东表决权是一种复杂但是可靠的归集小股东表决权的方法。具体操作方法为：小股东设立一家持股实体，间接持有公司股权，公司创始人通过成为该持股实体的法定代表人、唯一普通合伙人或者执行事务合伙人的方式，实际控制并行使持股实体所持有的公司股权的表决权。

持股实体的形式分为有限责任公司和有限合伙企业两种。通过持股实体控制小股东表决权的好处是如果公司有员工期限，也可以通过持股实体把公司预留出来的用于期权激励的这一部分股权集中到创始人手上。

在这种情况下，即使创始人自身的股权低于50%，也能拿到高于50%的表决权，实现控制公司的目的。

➢双重股权架构法

小公司经过多轮融资后，势必会造成股权稀释，对公司创始人的控制权造成一定威胁。在这种情况下，大多数公司会采取双重股权架构的方法，把股权的投票权单独分离出来。如今，在世界上这种方法被普遍接受。京东就是一个很好典范。

双重股权架构通过加大创始人所持股份的表决权分量，让创始人在表决大会上更有分量，是一种非常好的保障创始人控制权不旁落的方法。

第11章

融资成功：

未雨绸缪，现在就开始为下一轮融资做准备

经过前面一系列的过程，到此为止你可能已经成功获得了股权融资。但拿到钱还远远不够，你还要学会有效利用融资，为下一轮融资做好准备。对于小公司来说，融资是一件永远不能放下的事情。即便你昨天成功获得了A轮融资，下一轮融资还需要一段时间，你也应该未雨绸缪，现在就开始为未来做准备。

11.1

拿到钱还不够，有效利用融资才是王道

股权融资成功，投资人注资，小公司拿到了所需的资金，但这并不代表融资的结束。如果这笔钱不能被很好地利用，使资金顺利变成公司的资产，产生盈利，那么这次的股权融资将没有任何意义。小公司不仅失去了股份，而且因为融资成功公司却没有任何起色而失去投资人的信任，从而让下一次的融资更是难上加难。

所以，对于小公司来说，股权融资虽难，但是融资成功不过是开始，融资的使用才是重中之重。把拿回来的钱利用好，产生盈利，是积极准备下一轮融资的首要工作。

那么，小公司要如何合理使用这些融资呢？

➢融资使用的五大原则

小公司在使用股权融资时，要遵循以下五个原则，如图 11－1 所示。

1. 量力而行原则

融资使用应量力而行，有些小公司项目过多，即使融资，也只能满足其一，不能满足其二。这些小公司应考虑使用期限、获利方式和时间，最大限度调高融资的利用率，保持流通。但要注意资金链，万一中断，后果不堪设想。因此，如果不能满足公司过多的项目，那么应该将资金用在那

些风险低收益高的项目。

图 11－1　小公司使用股权融资的五大原则

2. 收益风险原则

在使用融资前，公司往往会有个预期中的收益。收益越大，则说明融资合理利用得越充分。但收益总是伴随着风险，收益越高，风险则越高。因此，公司使用融资时，不能只顾着目前的收益，而要在收益和风险之间找个平衡点，兼顾收益和风险。

3. 监督原则

融资的使用应处于监督状态下，一方面投资人会关注资金使用情况，应每隔一段时间提供相应的报告；另一方对突发情况能快速启动对应方案，降低损失。

4. 最大化原则

公司各种资金的来源构成，以及他们之间的比例，即资本结构。通常，公司资本主要是债权资本和权益资本。资本结构合理指公司能用最小的成本获得最大化的效益。融资的使用应遵循这个原则，尽可能使用少量资金谋取较大收益，提高企业价值。

5. 期限合理原则

融资使用一定要注意期限，要灵活运用长期、短期融资，同时注意公司的财务状况，不能在公司即将有笔债款要偿还时，还将融资用在长期项目上。公司每个阶段都应有满足其生产需要和应付突发事件的现金流，因此要注意使用期限。

➢列好融资使用计划表

资金是公司运作的命脉，资金周转能力是公司生存能力的重要组成部分，甚至影响着公司的生存。因此，小公司应提高对融资的周转能力，让有限的资金发挥最大的作用，为做大做强公司之路提供资金保障。在拿到股权融资后，小公司应对其进行规划，列好融资使用计划表，如表 11－1 所示。计划表的制定要遵守融资的使用原则，然后严格按照计划施行。

表 11－1　融资使用计划表

项目＼金额＼中心			
材料款项			
直接人工支付			
制造费用			
短期借贷偿付			
长期借贷偿付			
固定资产添置			
利息支付			

另外，小公司应建立财务控制系统，融资的使用应先进行财务预算，加强对融资使用过程中的监督。小公司由于人数少、运营简单，建立财务控制系统有些不划算，但应该派专人负责融资的使用，并进行监督。如果是多项使用，则需注意期限，长期、短期应做到相对的统一，灵活利用期限差别，提高资金的使用效率。

总之，小公司不仅要会找钱，还要学会管钱，多学习关于股权融资的知识，同时掌握合理利用融资的技巧，将每一分钱都用在刀刃上，实现“钱生钱”，更好地为公司服务。

11.2

融资后也要维护好与投资人之间的关系

有一个奇怪的现象：很多小公司对于“融资前，如何维护与投资人之间的关系”能够如数家珍，有着十八搬武艺。但一旦拿到股权融资后，就与投资人玩起了“猫抓老鼠”的游戏，能躲就躲。殊不知，这是一种非常错误的做法，对下一轮的股权融资非常不利。

对于小公司来说，股权融资不是一锤子买卖，就算不考虑股权分红及盈利的问题，投资人投资了你的公司，拥有了你公司的股权，那么他就是你的合伙人，绝不是可以甩到一边的土豪债主。这样，即使投资人不能撤资，也不会在之后追加投资，甚至可能会对公司做负面宣传，不利于小公司进行下一轮融资。所以，拿到钱后就不再理投资人的做法是不对的。

完成股权融资交易后，小公司更需要维护好与投资人之间的关系，为下一轮融资积极做准备。那么，小公司在完成股权融资后，如何维护与投资人之间的关系呢？下面三个行之有效的方法可以帮助小公司很好地维护好与投资人之间的关系。

➢建立定期联系，分享公司的信息

完成股权融资交易后，小公司可以与投资人建立定期联系，定期向投资人发送公司的财务报表，让投资人了解公司的发展情况。除此之外，小公司应该遵循透明化的原则向投资人分享公司的好消息与坏消息。当然，这个“透明”的度如何把控是一门艺术，需要小公司把握好。

比如，财务状况、外部团队来寻求合作、给员工发工资等事件，小公司应当在执行完后，向投资人通报相关信息。这样做不仅是为了告知投资人相关信息，方便投资人行使监督权，更是对投资人的尊重。

现实中，有很多小公司在完成股权融资后，对投资人报喜不报忧，这样做会逐渐失去投资人的信任。对此，红杉资本副总谢娜表示：“好消息需要及时通报，坏消息更要及时通报。因为投资人能用自己的力量为公司解决问题。若等到事情无法解决时再通报，则会伤害双方信任的基础。”

➢为投资人股东创造归属感

在心理学中，人类有三种心理需求，而“归属感和爱”就是其中之一。心理学通过研究还发现，那些在安全感和爱方面有所欠缺的人，在工作上也不会出色。因此，如果小公司让投资人有一种归属感，相应地，投资人也会为你的公司倾注更多的感情，有利于公司的发展。

那么，小公司要如何让投资人感受到归属感呢？你可以试试以下三种方法。

1. 给予投资人股东充分的决策权

投资人作为小公司的股东之一，应该拥有相应的决策权。当投资人行使自己的决策权时，小公司要表示支持和认可。在一家公司中，为了提高经营效率，不会每一项决策都要经过投资人的同意，但是小公司并不能因此就把投资人当“摆设”，忽略投资人作为股东的决策权。

2. 对投资人股东提出的建议认真考虑

由于投资人在该行业领域中有丰富的经验，因此在公司经营的过程中会给出适当的建议。小公司不用对每一条建议都切实执行，对于那些不方便施行或者不适合目前公司经营状态的建议，小公司在对投资人进行解释后，可以适当“忽略”。这样既能保证对投资人的尊重，又不会让投资人觉得自己不被尊重，从而丧失投资兴趣。

3. 给投资人股东提供优惠的待遇

当投资人变身为公司的消费者、客户时，小公司应该在价格和服务上给予投资人优惠。比如，让投资人享受终身 VIP 待遇等等。

➢设定共同目标

纵观国内外众多投资失败，公司与投资人决裂的案例，大部分都是因为投资人的想法和公司的想法出现了分歧，矛盾由此而生。为了让双方关系得以维持，让公司继续经营发展下去，小公司应该学会和投资人设定共同目标，统一想法，确保双方步伐一致向前走。

既然如此，小公司和投资人要如何设定统一的目标呢？下面这些方法，希望可以为大家提供一些灵感，如图 11 -2 所示。

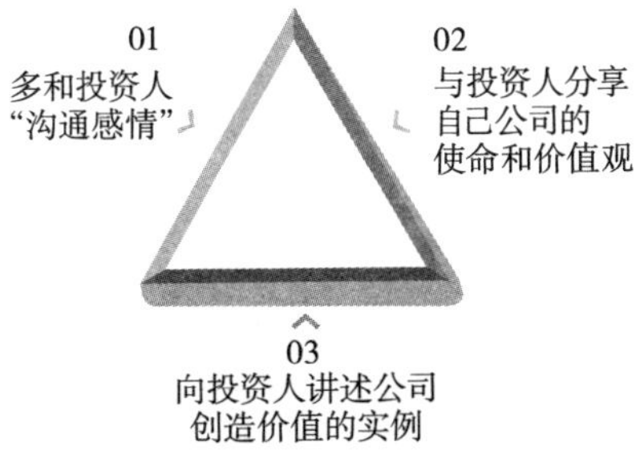

图 11 -2　小公司与投资人设定统一的目标的三大方法

1. 要多与投资人“沟通感情”

小公司想要把准投资人的脉，不可能凭空。公司可以定期召开投资人大会，和投资人一起讨论下一阶段的工作计划，甚至可以找一些双方都信任的朋友一起加入讨论。

2. 与投资人分享自己公司的使命和价值观

首先，在分享之前，小公司需要思考这几个问题，“我为什么要创建这个公司?”“创建团队最重要的准则是什么?”“我的公司要达到哪些目标?”整理清楚这些问题后，小公司会认真地对投资人的个人素质和团队素质进行评估。

其次，和投资人分享自己公司的使命和价值。在向投资人介绍时，可以给投资人分发讲解大纲，然后再通过PPT的形式让投资人对公司有直观的了解。这样既节省时间，又能给投资人留下深刻的印象。

3. 向投资人讲述公司创造价值的实例

向投资人展示自己公司已经做出的成就和创造的价值，对投资人来说更有说服力和吸引力，能加大投资人的投资信心。

公司和投资人设定共同的管理目标，当双方产生分歧时，可以迅速解决矛盾，达成统一意见。即使出现不愉快，也不会对双方造成重大影响。

11.3

积极准备下一轮融资的技巧

对于小公司来说，想要把公司做大做强，使现金流持续不断裂，不是一轮的股权融资就能实现的，几乎所有的小公司都会进行多轮融资。因此，融资是一件任重而道远的事情。即便你昨天刚刚拿到了股权融资，到引入下一轮投资还有一段时间，你也应当未雨绸缪，现在就为下一轮融资做准备。

在这方面，滴滴出行就为我们做了一个很好的榜样。

成立于2012年的滴滴出行，在短短5年的时间内，就发展成为中国网约车行业之王，没有人能与之抗衡。滴滴奋斗的过程，就是一个烧钱的过程，没有资本的撑腰，哪有今天耀武扬威的滴滴交通帝国。基于此，下面来看看这些年滴滴出行融资的完整过程，也许你能因此发现你的下一次融资的机会，如表11－2所示。

表11－2　滴滴出行融资进度

日期	融资进度	融资情况
2012年11月	A轮融资	滴滴获得A轮融资，金沙江创投投资300万美元
2013年4月	B轮融资	滴滴完成B轮融资，腾讯投资1500万美元
2014年1月	C轮融资	滴滴完成C轮融资共计1亿美元融资，中信产业基金投资6000万美元、腾讯投资3000万美元、其他机构合计投资1000万美元

续表

日期	融资进度	融资情况
2014 年 12 月	D 轮融资	滴滴完成 D 轮融资共计 7 亿美元，由淡马锡、DST、腾讯主导投资。在完成 D 轮融资仅仅两个多月后，滴滴和快的进行合并
2015 年 7 月	E 轮融资	滴滴完成 E 轮融资合计 30 亿美元，由中国平安、阿里资本、腾讯、淡马锡、中投公司等共同投资
2016 年 6 月	F 轮融资	滴滴完成 F 轮股权融资合计 45 亿美元，新的投资方包括苹果、中国人寿及蚂蚁金服等。腾讯、阿里巴巴、招商银行及软银等现有投资人也都参与了本轮融资 本轮除股权投资外，招商银行还将为滴滴牵头安排高达 25 亿美元的银团贷款，中国人寿对滴滴进行了 20 亿人民币的长期债权投资。这也意味着，滴滴本轮融资的实际总额高达 73 亿美元
2017 年 4 月 28 日		滴滴宣布完成新一轮超过 55 亿美元融资，以支持其全球化战略的推进和前沿技术领域的投资。此轮融资结束后，滴滴的市值将超过 500 亿美元
2017 年 12 月 21 日		滴滴宣布完成超 40 亿美元股权融资，由阿布扎比慕巴达拉公司和软银集团共同投资

通过对滴滴出行融资进程的分析我们得知，小公司想要做大做强，仅仅进行一次股权融资是远远不够的。资本运作并没有你想象的那么简单，顺利拿到第一轮的股权融资，只能保证你的公司在发展的这一阶段支撑下去，接下来的路还有很远，你需要未雨绸缪，继续准备下一轮融资.

那么，小公司应该如何准备下一轮融资呢？通过我多年的工作经验，总结了以下三点。

➢提前多长时间准备下一轮融资

俗话说，打仗讲究天时地利人和，经营公司也是一样。想要在险象环生的环境中杀出一条血路，就一定要掌握好融资的节奏。大部分小公司都好奇："我下一轮融资到底应该什么时候开始？"在有些公司看来，这就是件小事，但是对于小公司来说，和钱有关的事，再小也是大事。下面便是计算下一轮融资时间的几大方法，如图 11－3 所示。

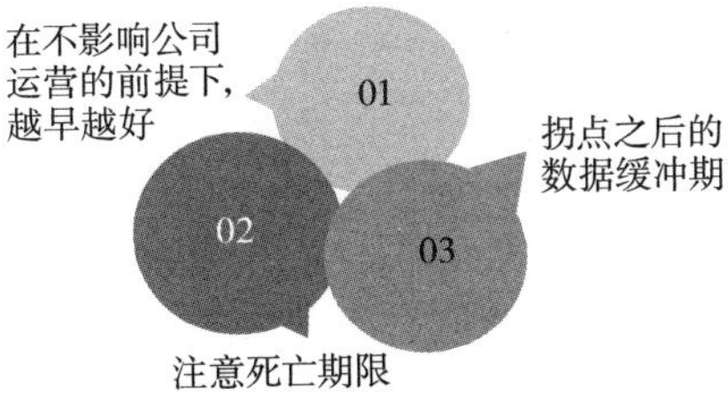

图 11－3　计算下一次融资时间的三种方法

1. 在不影响公司运营的前提下，越早越好

在现实中，确实有很多公司因为没按时拿到钱被拖垮，但是也有不少公司是因为拿到钱，并且钱来得太早被淹死的。就像种地一样，太早施肥，可能会造成菜苗营养过剩被烧死。

公司团队需要花时间来完善自己的创意，这个过程必须高度集中不受打扰。但是融资意味着有新股东加入，相对于产品本身，他们更关心产品到底赚不赚钱，因此，在实际的融资过程中，你的想法有可能被投资人限制。俗话说“防人之心不可无”，就算融资到了最后一步，临门一脚就要成功了，也不要降低对投资人的戒备。毕竟“卸磨杀驴，过河拆桥”的事情时有发生。退一步说，有时候逆境更能激发一个人的斗志，在缺钱的时候学会怎么省钱，控制成本提高盈利，这也是收获。如果你的产品暂时不缺钱，不妨把更多的时间拿来升级产品上。

2. 注意死亡期限

假如你的公司已经不存在现金流问题了，那你可以忽略这一部分。

大部分公司在发展初期都是亏本的，在这种情况下，公司的最后安全期就是钱花完的那一天。也就是说，在这一天之前，公司必须要融资成功，拿到钱。为了避免出现这种青黄不接的问题，小公司可以做一个计算，用目前账户上的总金额除以每个月的消耗，得出的结果就是你的“死亡期限”，这个期限也被称作是下一轮融资的“跑道”。

当然，这只是一种比较笼统的算法，在实际的经营中，几乎没有公司每个月的开销是一样的。Y Combinator 的创始合伙人 Trevor Blackwell 曾开发一款被称为启动增长计算器的产品，可以帮助公司计算他们到底需要多少钱才能挽救颓势，达到收支平衡。一旦做到这一点，你的跑道就比别人的宽，跑起来也更有劲儿。如果你能在资金耗尽之前扭亏为盈，那么你就掌握了一定的主动权，反之，跑道的终点，也就是公司生命的终点。

3. 拐点之后的数据缓冲期

达到盈亏平衡是一家公司经营的关键点，实现盈亏平衡后，公司的跑道就会被无限延长。也可以理解为这是改写公司命运的时刻，这样一来，你准备下一轮融资的时间就更丰富了，融资成功的几率也提高了。

就算当前的情形很乐观，小公司也不能掉以轻心，以下两点需要特别注意。

（1）在融资开始之前，要给公司留一段储蓄能量的时间，我们叫作“数据缓冲期”。一般来说，达到盈亏平衡之后的公司会进入已经平稳的发展阶段，盈利模式也逐渐清晰。但是在公司发展初期，由于数据不够完善，经验不足，实操案例不够典型的原因，投资人对公司的信心不会很大。如果在这个缓冲期内，小公司能拿出一份傲人的成绩单，接下来的融资就简单多了。

（2）小公司在具备盈利能力之后进行融资，通常是为了进行扩张，扩大公司规模。如果你的公司是季节性比较明显的公司，比如旅游业，那么最好在旅游旺季来临之前就完成融资。

综上所述，小公司在准备下一轮融资时，预留一年到一年半的时间最为充足。

➢让上一轮投资人推荐下一轮的投资方

对于正处于发展初期的小公司来说，融资是为了保证公司现金流不断裂，保证公司的正常运营。公司发展初期不懂得如何分配自己的财务，变现渠道也不够完善，小公司能做到盈亏平衡已经很不容易了。在这样的环境下，如果公司出现现金流危机，将必死无疑。

因此，对于小公司来说，融资是一双永远都不能停下来的脚步，就算你已经获得首轮股权融资，你也应该马上和现有的投资人一起商量下一步的计划。

通常来说，当公司账户里的钱只够维持一年半的运营时，就要开始进行下一轮的融资规划，慢慢接触新的投资人了。

当然，如果你在公司成立时就已经计划好如何进行融资了，那是再好不过了。比如，当公司发展到哪一阶段时，进行第几轮融资，目标投资人有哪些，他们能为公司带来哪些价值等，这样可以避免临时抱佛脚产生的手忙脚乱和纰漏。

有一点需要注意，对于天使投资人推荐的 A 轮投资人要格外谨慎。由于 A 轮融资已经进入投资机构的地盘，天使投资人对投资机构的了解有限，因此最好不用天使投资人推荐的 A 轮投资人，但是对于天使投资人推荐的 Pre－A 轮的投资人还是可以考虑的。

➢平常心对待，每一轮的融资“套路”都一样

在现实中，经常会听到小公司的创始人抱怨融资的难度：“我刚刚做完第二轮融资，跟第一轮融资一样是一场硬仗。从 PPT 展示到核对协议条款，一刻都不能放松。”

实际上，不管你处于哪一轮融资，经历的过程都是大同小异的，当然

难度都是一样的。下面一起回顾一下融资流程，如图 11 –4 所示。

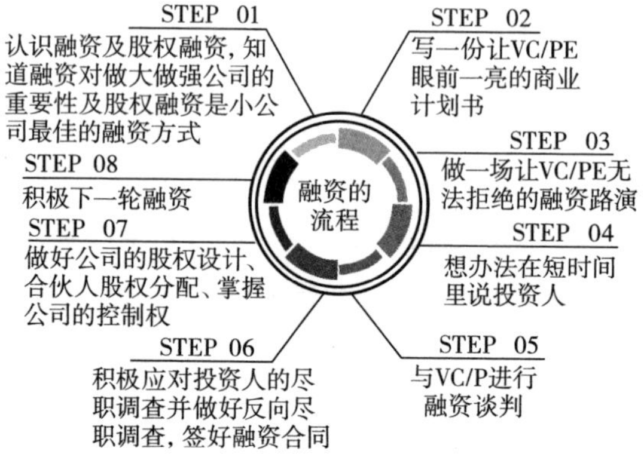

图 11 –4　融资的流程

在经过多轮的融资洗礼之后，小公司对股权融资应该熟能生巧，轻车熟路了。在这个过程中，小公司应当不断总结经验，吸取教训，争取在下一轮融资中做得更好，让投资人有信心，让融资有保障。再次强调，每一轮融资的过程大多相似，换汤不换药，只要你一步一个脚印踏踏实实走过，成功就在不远处向你招手。